全国中等职业学校汽车类专业通用教材

全国技工院校汽车类专业通用教材（中级技能层级）

汽车文化

（第二版）

主　编　林　平

副主编　吴梦粒　涂羽娇

主　审　甘小梅

中国劳动社会保障出版社

简介

本书主要内容包括汽车发展简史、世界汽车工业概况、著名汽车标志、汽车与社会、汽车发展趋势等。

本书由林平任主编，吴梦粒、涂羽娇任副主编，甘小梅任主审。

图书在版编目（CIP）数据

汽车文化 / 林平主编. --2版. --北京：中国劳动社会保障出版社，2023

全国中等职业学校汽车类专业通用教材　全国技工院校汽车类专业通用教材. 中级技能层级

ISBN 978-7-5167-5825-0

Ⅰ. ①汽…　Ⅱ. ①林…　Ⅲ. ①汽车－文化－中等专业学校－教材　Ⅳ. ①U46-05

中国国家版本馆CIP数据核字（2023）第083568号

中国劳动社会保障出版社出版发行

（北京市惠新东街1号　邮政编码：100029）

*

北京谊兴印刷有限公司印刷装订　新华书店经销

787毫米×1092毫米　16开本　14.25印张　279千字

2023年8月第2版　2023年12月第3次印刷

定价：37.00元

营销中心电话：400-606-6496

出版社网址：http://www.class.com.cn

http://jg.class.com.cn

前　言

为了更好地适应中等职业学校汽车类专业教学要求，全面提升教学质量，我们组织有关学校的骨干教师和行业、企业专家，在充分调研企业生产和学校教学情况、广泛听取教材用户反馈意见的基础上，对全国中等职业学校汽车类专业通用教材进行了修订。本次修订的教材包括：《汽车文化（第二版）》《英语（第三版）》《机械识图（第四版）》《机械基础（第四版）》《电工与电子技术基础（第四版）》《汽车材料（第四版）》《钳工技能训练（第四版）》《汽车驾驶技术（第四版）》《汽车维修企业管理（第二版）》等。

本次教材修订工作的重点主要体现在以下几个方面：

第一，贯彻最新教学计划、教学大纲及国家职业技能标准。

根据人力资源社会保障部颁发的《技工院校汽车维修专业教学计划和教学大纲（2015）》《技工院校汽车电器维修专业教学计划和教学大纲（2015）》《汽车修理工国家职业技能标准（2014 年修订）》对相关内容进行了修订。

第二，根据岗位需求和科学技术发展，合理更新教材内容。

根据汽车类专业毕业生所从事岗位的实际需要和教学实际情况的变化，合理确定学习目标，对教材内容的深度、难度做了适当调整，同时注重综合职业能力的培养。根据相关专业领域的最新发展，在教材中充实新知识、新技术、新材料、新工艺等方面的内容，体现教材的先进性；采用最新国家技术标准，使教材更加科学和规范。

第三，具备鲜明的汽车专业特色，创新教材表现形式。

教材编写以汽车及其零部件为载体或选取汽车行业案例，充分体现专业特色，增加了实操内容在教材中的比重。为了增强教材的表现效果，激发学生的学习兴趣，教材中使用了大量高质量的实物图片，多数教材采用四色印刷，图文并茂，提高了教材的可读性。

第四，开发多种教学资源，提供优质教学服务。

为方便教师教学和学生学习，教材配套提供了电子课件、教案示例、习题册参考答案等教学资源，可通过技工教育网（http://jg.class.com.cn）下载使用。除此之外，在部分教材中还借助二维码技术，针对教材中的重点、难点内容，开发制作了微视频，可使用移动设备扫描书中二维码在线观看。

本次教材修订工作得到了北京、河北、江苏、山东、广东等省（直辖市）人力资源社会保障厅（局）及有关学校的大力支持，在此表示诚挚的谢意。

编者

2023 年 7 月

目录

第一章

汽车发展简史

从东方的孔夫子周游列国，到欧洲的拿破仑横扫千军，都需要借助车辆而前行。第一位牵走马匹而将发动机装在马车上的先驱者，绝对不会想到只用了不到一百年的时间，就使奔跑了数千年的马车无奈地从道路上逐渐消失了，而取而代之的就是“汽车”。

汽车并不是某一个人发明的。一项重大发明的问世往往要经历相当长的过程。从发现原理到制作发明原型，要经过几年、几十年甚至上百年的时间。在这期间，有许多科学家、发明家不约而同地致力于同一件发明的创造活动，更多的科学家、发明家沿着前人开创的道路进一步完善自己的研究成果。汽车的发明也走过了这样一条道路。

第一节 车的起源

车是用轮子在地面上行驶的交通工具，它的发展经历了一个漫长的时代。

一、先有轮还是先有车?

车是人类最重要的发明之一。关于车的发展过程有两种说法：一种说法认为，先有橇，后来在下面放滚子，滚子发展成为车轮；另一种说法认为，古时人们崇拜太阳而使用圆盘，这种圆盘发展成了车轮。

在原始社会，人类在从事狩猎和采集劳动中为搬运工具和猎获物需要运输劳动。人类最初搬运物品的方法是手拿、头顶、肩扛。人类最早的运输工具是粗制的木棒，将重物悬挂在木棒上，一人可以肩扛背驮，两人可以抬行。后来，猎获的野兽通过饲养逐渐变为家畜，开始分担人类的劳动。由人的肩扛背驮逐渐变为兽驮，驮畜便成了重要的运输工具。

原始人类发明的重要运输工具之一就是橇。车的初级阶段可能是架在滚木上的橇。

公元前 5000 年，北欧已使用鹿拉雪橇。公元前 3500 年，美索不达米亚平原已有牛拉陆橇。人们用木板或木棒做成橇，把物品放在上面拉，然而这样产生的摩擦力太大，十分费力。后来人们发现在橇下面放圆石头或圆木滚动着搬运比较省力，引起了搬运方式的重大变革。例如，在公元前 1500 年建造埃及金字塔和庙宇的过程中就用滚木来移动石头。这种使橇滚动向前的装置——圆木，就是滚子。这种圆木与木橇的结合可以说是车的雏形。车轮就是由滚子改良而成的，把滚子的中央部分削薄一些，以减轻质量，滚子的中间部分形成轴，两端部分成为轮子，如图 1–1–1 所示，从而完成了轮子到车的演变。这就是“滚子起源说”。

崇拜太阳的“圆盘说”则认为，远古时期人类崇拜太阳，喜欢在地面上画圆，后来人们普遍用石头制成圆盘，这种圆盘后来演变成了车轮，如图 1–1–2 所示。

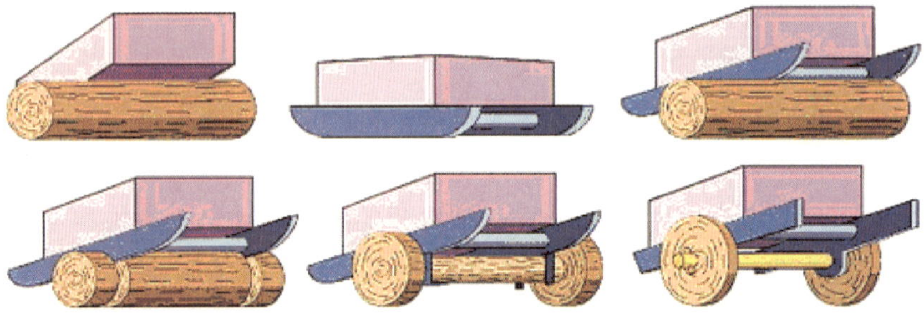

图 1–1–1　轮子的演变

图 1–1–2　不同时代出土的轮子

比较来看，“滚子起源说”更具有说服力。这可以举出许多例证，例如至今出土的最古老的由于崇拜太阳而制成的圆盘是公元前 2500 年的，然而在美索不达米亚的苏美尔，公元前 3300 年就使用有车轮的战车了。这一事实也说明了从滚子发展成车轮的说法比较正确。

最古老的车，特别是既有车轮又有车身的车，大约是公元前3300年在美索不达米亚地区使用的车（见图1–1–3）。从美索不达米亚的乌尔国王巴尔基的坟墓中出土了绘有苏美尔战车的镶嵌画（见图1–1–4），在画上可以清楚地看到有车身，车身上附有车轮。显然，当时已经使用车了。美索不达米亚平原地处亚洲西部的底格里斯河与幼发拉底河中下游，在今天的伊拉克和叙利亚东北部，是著名的巴比伦文化发祥地，是人类最早的文化摇篮之一。

图1–1–3 公元前3300年在美索不达米亚地区使用的车

最早发现轮式运输工具的证据是美国考古学家克内斯帝·波德在乌鲁克城（苏美尔时期和后来巴比伦尼亚时期的古城）遗址发现的车，在那里出土了一个带有轮子的模型和画有“货车”的壁画。这些遗迹是先民在距今6 400 ~ 6 500年前留下的。

图1–1–4 最早的苏美尔战车

因此，可以认为车的起源在两河流域至高加索一带，其出现年代不晚于公元前3500年。

车的发展经过了艰难曲折的道路，一开始发明的车不像苏美尔双轮战车那样既有车身又有车轮。车作为一种较为复杂的交通工具，在生产力水平低下的远古时期，它的发明既不可能是一人所为，也不可能是一日之功。在其正式创制之前，经过了一段漫长的萌发、发展和完善的过程，有无数人曾为之付出过努力。

早期世界各地出现的车多是单辕双马的两轮车，实体车轮由2 ~ 3块木板拼制而成。在公元前2000年左右，人们发明了有辐的车轮，这种结构比从前的实体车轮轻便许多，装有辐式车轮的车用马来拉，速度就快多了，车身也变得轻巧灵活，常被古人当作武器用在战争中。这种战车是战争中最重要的武器，在战争中发挥着巨大的威力。

公元前 1600 年，轻型两轮战车在迈锡尼地区人人皆知。比较著名的是 4 匹马并排拉的战车、赛车和凯旋车辆，罗马人称其为“夸德里伽”，如图 1–1–5 所示。公元前 680 年以后，这种马车被准许参加奥运会比赛。在古埃及和古罗马时代，“夸德里伽”成为罗马人用于娱乐比赛的物品，这也可以看成是汽车比赛的前身。

图 1–1–5　公元前 1600 年 4 匹马并排拉的“夸德里伽”

二、马车盛世

战车随着时间的推移渐渐失去了意义，公元前 3 世纪后几乎没有战车投入战斗了，因此，车辆研制转向了道路旅行和交通运输。

相传公元前 1675 年，古埃及人发明了有制动装置的马车，能使马车在很短的距离内停下来。制动片安装在车轮处，它是锻造而成的 U 形铁片，能使后轮停止转动。到了 12 世纪，罗马人发明了转向前轴，开始出现四轮车。罗马人还将单辕改为双辕，从而用 1 匹马也能驾车。

到中世纪（约 476—1453 年）后，欧洲改用 C 形钢板弹簧悬置车厢和较大的后轮（见图 1–1–6），提高了四轮车的舒适性，马车开始向豪华型发展。

当时在欧洲，马车制造业十分兴旺，许多马车制造厂都能造出精致而华丽的四轮马车。在马车制造厂工作的技师、艺术家、造型师、铁匠、制鞍皮匠、花边描绘师及画家得到了人们的尊重。图 1–1–7 所示为造型各异的皇室马车。

图 1-1-6　单排座马车（由 C 形钢板弹簧减振，前轮较小，便于转向）

图 1-1-7　造型各异的皇室马车

1619 年，西班牙国王费利佩三世访问葡萄牙时所乘用的皇室马车是一辆 6 匹马拉的木轮车，车厢宽敞，皮制的顶棚用金线缝制，车厢内用红色天鹅绒铺就，座位下有长途旅行时用来垫腿的软凳。当时这种车比较简单，没有雕饰，装饰也不豪华；四个车轮大小一样，直接连在主轴上，行驶不太灵活；没有减振设计，乘坐不太舒适。另外，这种车没有设置马夫的座位。马车走起来时，随从马队中紧靠车厢旁的一个人负责赶车，或者由驭者轮流骑在最前面的马背上驾车。

18 世纪初，里斯本红衣大主教的专用马车是 17 世纪末期葡萄牙皇室在法国定制的，做工精致考究。车厢外表的中部描绘着代表名誉、博爱、真理、正义、希望、智慧的图案，四周是代表四大洲的图案，车厢的门上绘有红衣大主教的徽章。这辆车在技术上有了发展，它的前轮很小，上面有一个红金丝绒的驭者专座，其前轴用两个钢圈与车梁相连，转向灵活；车梁是一个斜卧着的铜铸的人体，车厢采取悬挂的方式，用弹簧片与车梁上的一块铜板相连，以减少车厢的颠簸。

1792 年开始使用的黄金马车（见图 1-1-8），自乔治三世以后，所有的英国国王都是乘坐这辆马车参加加冕仪式。这辆马车是当时世界上最豪华的马车，由英国著名的设计大师和雕刻大师精心雕琢而成，还镀有黄金，重达 4 000 kg。

将马车轨道嵌入路面的是法国南特人埃米尔·卢巴。1662 年，法国巴黎的街头上首次出现了轨道马车，如图 1-1-9 所示，人们发现，车轮在轨道上的滚动阻力比在普通路面上的滚动阻力要小得多，所以其载客量也相应增加。18 世纪，轨道马车被广泛用于英国矿石运输中，用牲畜拉轨道车，可以装运更多的矿石，载运效率提高了 7 ~ 8 倍。最早的轨道就是在地面上铺两根木条，之后才改用钢轨并在其下面垫以枕木。

图 1-1-8　黄金马车

图 1-1-9　轨道马车成为公共交通工具

18 世纪后出现了一种叫作“柏林式”的马车，逐渐风靡全欧洲，其主要特点是车厢采用两根坚固的皮带悬吊并固定在前后车轮之间，皮带与车轮间通过一个机械装置来转动，后轮上还装有一个有齿轮啮合的制动装置。这种车更加轻便，车厢与车轮间采用弹簧片装置，减振性能较好，行驶起来更为灵活、舒适。

1804 年，英国人埃利奥特发明了片式钢板弹簧。由于轮轴通过弹簧与车厢连接，省去了前后轮之间的连接长杆。这样既减轻了质量，又降低了车身高度，方便乘员上下车，更重要的是改善了乘车舒适性。

1832 年，美国人在纽约市曼哈顿街道上铺设轨道，开始运行有轨公共马车（见图 1-1-10），仅用两匹马就可以拉动载有 40 多名乘客的车厢，比普通马车的乘客多出

2 倍。1847 年，英国伦敦出现了最早的双层公共马车，敞开的顶层便于乘客悠闲地观赏街景；1850 年以后，马车的铁轴逐步代替了木轴；1851 年，马车顶层有了遮阳防雨的顶篷；1861 年，伦敦的街道上也出现了有轨马车。

图 1-1-10　美国纽约市曼哈顿街道上的公共马车

进入 20 世纪后，马车的发展已达到后期，但仍持续改进，如采用橡胶轮胎和滚珠轴承的马车。这时已是马车与近代运输工具火车、汽车同时并存的时期，逐渐出现了以动力机驱动的各种车辆，出现了现代化道路运输工具。

三、中国车的起源及辉煌历史

在中国，相传车是在黄帝时代（约公元前 2697—前 2599 年）发明的。出于纪念黄帝的功绩，后人称他为轩辕黄帝。轩是古人对曲辀藩车的称呼；辕是古人对直木的称呼。黄帝造车的事，有一些历史记载：《史记》中记载有“黄帝者，少典之子，姓公孙，名曰轩辕”。《汉书》中记载着“昔在黄帝，作舟车以通不济”。《太平御览》中说“黄帝造车，故号轩辕氏”。那么，中国车的起源距今约 5 000 年。

图 1-1-11　中国“造车鼻祖”奚仲

马车在中国古代战争和交通中占有重要地位。目前，中国发现最早的马车见于安阳殷墟、西安老牛坡、滕州前掌大遗址，均属于商代晚期。

据春秋时期的编年史《左传》记载，在夏朝初大禹时代，车正（专司车旅交通、车辆制造的官）奚仲（见图 1-1-11）制造了世界上第一辆两匹马牵引的新型马车，有车架、车轴、车厢等，为保持平衡还采用了左右两个轮子。由于车有两轮，且两轮相对，故称“车两”。随着时间的推移，“车两”演化成了“车辆”。

地下出土最早的马车是商朝（公元前1600—前1046年）的产物。1953年，中国考古学家在河南省安阳市大司空村殷墟发掘出商车遗迹，出土了20余辆商车（见图1–1–12）。这是一种造型非常精致的二轮单辕马车，有栅栏车身和辐式车轮，体现了相当高的技术水平。这时的车都是独辕式的，约有18根辐条，辕两侧缚双轭，用以驾驭两匹马，车厢呈横向长，门向后开，长方形车厢一般可以坐2～3人。

图1–1–12　地下出土最早的安阳殷墟商车（右图为现代复原图）

安阳殷墟的考古发掘表明，中国在商代晚期已使用双轮马车。继商车之后，西周、春秋战国时期的马车实物也在考古中多有发现，如在陕西长安张家坡、北京房山琉璃河、甘肃灵台白草坡、山东胶县西庵陆续发掘了西周时期的马车；在山东临淄后李文化遗址出土了春秋时期的马车（见图1–1–13）；在河南洛阳中州路、辉县琉璃阁、河北平山中山国墓葬中先后发现了战国时期的马车。

图1–1–13　后李文化遗址出土了春秋时期的马车

有的学者认为中国的马车起源于本土；有的学者则认为中国的马车来源于中西亚或欧亚草原。其中最具有代表性的观点是起源于公元前 30 世纪中期的西亚两河流域苏美尔人的马车，在商代晚期时传入中国。

在周代（公元前 1046—前 256 年），中国已能制造相当精美的两轮马车。周代的马车与商代的马车基本相同，但在结构上有所改进，其配件更为完备，增加了新的零部件，在许多关键部位使用了青铜构件，驾车的马由商代的 2 匹增加到了 3 ~ 4 匹，甚至 6 匹。

当时的甲骨文中也出现了“车”字，这是一种象形文字，由轮、舆、辕、轭等形状的图形组成，如图 1–1–14 所示。

图 1–1–14 甲骨文中的“车”字

在春秋战国时期，随着列国争霸战争的加剧，战车的应用到达鼎盛期（见图 1–1–15）。大国有战车千乘，中等国家有战车百乘，小国也有几十乘。孔子在论语里讲的“道千乘之国”，就是说治理有千辆战车的国家。若是几千辆战车浩浩荡荡一齐出动，一定会尘土蔽日，声震大地，气吞如虎，所向披靡。

图 1–1–15 春秋战国时期的战车复原图

公元前 221 年，秦始皇建立了中国历史上第一个统一的中央集权的封建制国家后，颁布了一套比较完备的封建法典《秦律》，其中规定：“车同辙”（车辆轮距相等），规定马车轮距为 6 尺（当时 1 尺为 27.65 cm），是推行标准化的先驱。当时还采用铜等金属来制作马车的零件，秦始皇当年出巡时乘坐的马车就使用了很多金属件，被称为“安车”。

秦始皇陵兵马俑坑出土的车（见图 1–1–16）正是坐乘车的实物模型，此车车舆宽广，外形呈长方形，四周屏蔽，上部封顶，车门开在后部。这件铜马车仿照真车真马制造，其大小尺寸为真车、真马的 1/2。全车长 3.28 m，高 1.04 m，总质量为 1 800 kg。车马整体用青铜铸造，共有 3 400 多个零部件，车马上竹、木、丝、革等材质的部位也全部采用金属仿制。

图 1–1–16　秦始皇陵兵马俑坑出土的车

在中国车辆发展过程中，有重要技术价值的是记里鼓车（见图 1–1–17）和指南车（见图 1–1–18）。

图 1–1–17　记里鼓车

图 1–1–18　指南车

汉代杰出科学家张衡（78—139 年）发明了举世闻名的记里鼓车，在行驶中自动击鼓，以显示行驶里程，它是中国最先发明的记录里程的仪器。此车有两层，上有木人，每行 1 里（1 里 = 500 m），下层击鼓；每行 10 里，则上层击镯。

三国时期技术高明的技师马钧发明了指南车。指南车是一种双轮独辕车，车上立有一木人伸臂指南，只要一开始行车，不论车子行驶的方向如何变换，车上木人的手臂始终指向南方。

到了三国时期，诸葛亮发明了“木牛流马”的交通工具，如图 1-1-19 所示。“木牛”即指辘车，不用牛马也能行车，就像一头不吃草的牛，能用机关控制它的行动。“流马”意指独轮转动灵便，运行轻快，如同能流转疾奔的马。

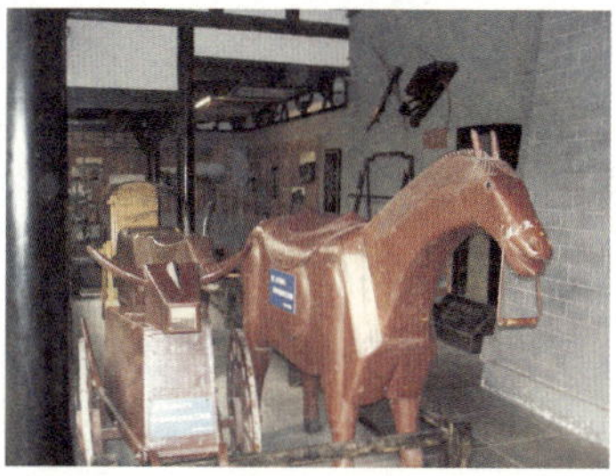

图 1-1-19　不同的“木牛流马”模型

指南车使用了差动齿轮装置，类似的装置应用在现代汽车的差速器中。它反映了古人设计特殊功能传动机构的才智，在一定程度上体现出中国古人高超的科技智慧。记里鼓车工程成就特色鲜明，其计程装置与现代车辆上的里程表相似，展现出中国古人创造和利用先进技术的非凡能力。独轮车（木牛流马）在交通运输史上是一项十分重要的发明，它凝聚了中华民族的智慧和创造力，体现了劳动人民坚韧不拔的优秀品质。这些创造发明大都是古代巧妙的自动化机械系统，它体现了中国古代机械制造的较高水平，是中国古代机械制造技术的杰出代表，显示了中国古代技术的卓越成就。

有些交通工具的发明创造在技术复杂性方面不甚突出，却对文明进程产生过不小的影响。例如悬系在马鞍两侧，以方便骑马者上马和在骑乘时支撑骑马者双脚的马具——马镫，作为一项骑乘技术发明，显著提升了骑兵的战斗力。中国最早出现硬质金属马镫的年代是东汉建安年间，成对马镫的使用归于中国晋朝。图 1-1-20 所示为现存最早的双马镫。马镫由中国传播到其他国度，一直影响到欧洲。

图 1-1-20　现存最早的双马镫——鎏金木芯马镫，出土自中国辽宁省北票市北燕汉人贵族冯素福墓（公元 415 年），比欧洲出土的早 300 年以上

第二节　汽车的雏形

一、达·芬奇的秘密

1500 年，意大利文化巨人、文艺复兴时期杰出代表列奥纳多·达·芬奇开始探索自动车的奥秘，他设想使一个带齿的圆盘进行水平旋转，旋转的力通过带有齿轮的车轴和车轮连接起来，这样车就可以前进了。但是用什么样的力量才能使圆盘转动起来呢？他从钟表运转中得到了启发：既然发条机构可以积蓄力量，那么它必定能长时间使圆盘转动。

达·芬奇的工作仅限于理论上的探讨，并没有进行实际的研究，他所提出的利用发条机构作为车辆原动力的初步设想在长时期内也没有引起人们的重视。他在笔记本上绘制了车辆草图（见图 1–2–1），可惜未经试制，图纸就被收藏进米兰市安布罗加图书馆束之高阁。

1905 年，一个名叫奇罗拉莫·加尔维的意大利学者在阅读达·芬奇这本笔记时发现，达·芬奇的车辆构想与现代汽车在构造上有异曲同工之妙。1936 年，他按照笔记上的记载，复原了车辆模型，并把它比喻为“达·芬奇的菲亚特”。

但是，后来许多科学家认为加尔维的模型与达·芬奇的构想有所出入，经过几年时间，他们终于在 2004 年打造出更接近达·芬奇设想的汽车模型（见图 1–2–2），并将它陈列在科技历史博物馆中。

2004 年 4 月 23 日，科学家在文艺复兴中心佛罗伦萨举办了一个纪念达·芬奇的展览，首次展示了这位天才大师的一项发明成果——用发条推进的汽车。这个模型是按照当年达·芬奇记录在笔记本中的一个发明构想制作的，它看上去像古老的运货车，但是内部结构与现代汽车颇为相似，只不过它是由数组发条推动行驶的，螺旋弹簧安装在两个后轮的底盘上，并连接上方的棘轮装置。在展览上，

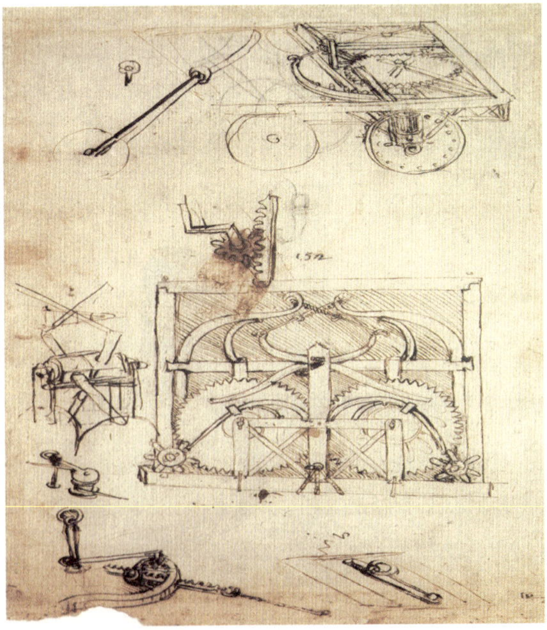

图 1–2–1　达·芬奇设计的车辆草图

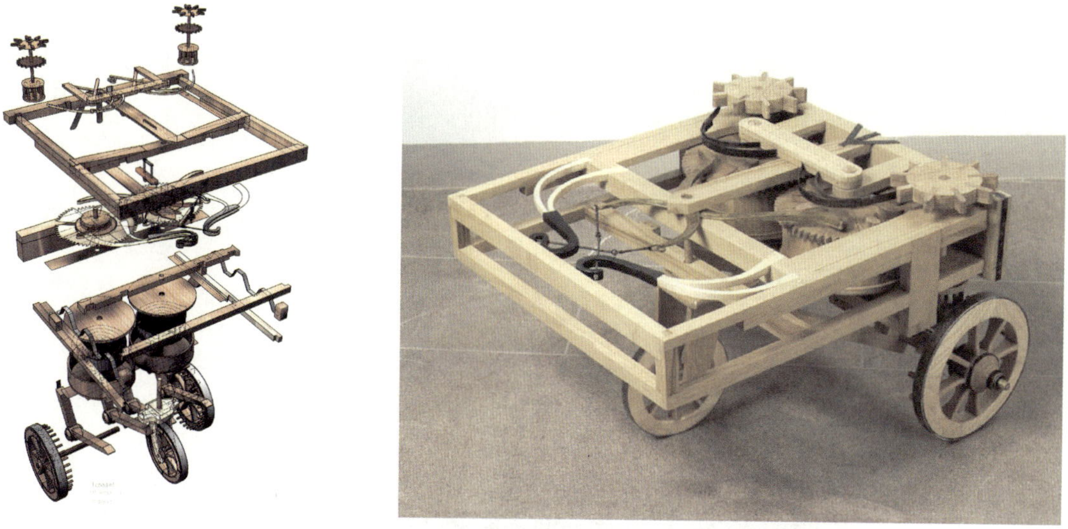

图 1-2-2　达·芬奇设想的汽车模型复原图

科学家当众对其进行演示证明设计可行，这辆车在上足发条的弹簧推进下行驶了 40 m。

1649 年，德国的钟表匠汉斯·赫丘在达·芬奇的启示下，制成了一辆由钟表发条提供动力的车，如图 1-2-3 所示。该车行驶速度为 1.6 km/h，每前进 230 m 需人工上一次发条。这辆车相当于现代的儿童玩具，但在当时却是一个稀世珍宝，被瑞典王子卡尔·古斯塔夫以重金购去。

图 1-2-3　汉斯·赫丘制成用钟表发条提供动力的车

二、风力帆车

1604 年，荷兰数学家、工程师西蒙·斯蒂文把木轮装到船上，制造出双桅风力帆车，它凭借风力驱动帆车行进，被称为汽车的雏形，如图 1-2-4 所示。

图 1-2-4　汽车的雏形——双桅风力帆车

据说，这种帆车能以 24 km/h 的速度沿荷兰的海岸线行驶，使人们感到很惊奇。风力帆车实际上是在帆船上装上了车轮，或者说是在马车上装上了桅帆。

自走式车辆的原动力应该是一个稳定的、连续不断的动力。风力帆车的致命弱点在于风时有时无，时大时小，且风的方向是会变化的，用风力来驱动车辆不尽如人意，但它却反映了当时人们对“自行驱动”车辆的追求。

风力帆车不能成为快捷、有力和有耐力的车辆。看来，要造出能够用于道路交通的靠自身动力前进的车，关键取决于车的动力源。

第三节　蒸 汽 汽 车

17 世纪至 18 世纪，用蒸汽机作为动力的机器曾吸引了很多发明家、科学家及机械师的参与。

1687 年，英国的牛顿曾提出制造蒸汽车辆，其实质是按照“蒸汽射流”的反作用原理推进的动力车。

1698 年，英国发明家托马斯·塞维利发明的真空泵作为第一台原始蒸汽机获得了专利。

1705年，英国工程师托马斯·纽科门申请“冷凝进入活塞下部的蒸汽和把活塞与连杆连接以产生运动”（即蒸汽机）的专利未成功。此后，纽科门继续改进蒸汽机，于1712年首先制成可供实用的大气式蒸汽机，为后来蒸汽机的发展和完善奠定了基础。

1765年，英国工程师瓦特对纽科门蒸汽机进行改进，取得了多项蒸汽机相关的专利，如1769年取得“分离冷凝器”专利，1781年取得“太阳和行星齿轮联动装置”专利，1782年取得“双向活塞式蒸汽机”专利等。瓦特制成的蒸汽机，为实用汽车的出现创造了更大的可能。

蒸汽机刚在煤矿、棉纺机厂和手工作坊里普及时，发明家们就开始把它作为车辆的原动力来进行实验了。

一、世界最早的汽车在中国

1678年，比利时的南怀仁在中国京都（今北京）制成了一辆冲动式蒸汽汽车。如图1–3–1所示，车长60 cm，车身中央安装一个煤炉，上置盛水的金属曲颈瓶。水被加热到沸腾至汽化，产生一定的压力，蒸汽由弯曲的瓶口高速射出，叶轮在蒸汽的冲击下转动，产生的动力再通过齿轮传递给车轮，驱动车辆前进。车前还装有手动导向轮，控制车辆的行进方向。

图1–3–1 南怀仁于康熙年间发明的汽车模型

南怀仁构想的这种车，很可能受启发于中国周朝时的一种用火作为动力的“火战车”的记载，同时受布兰卡蒸汽轮机原理的影响。这辆车在他的《欧洲天文学》一书中的“气体力学”中有过详细的描述。这辆车被《吉尼斯世界纪录大全》认为是汽车始祖，此车是记录在案的最早的汽车。图1–3–2所示为南怀仁比利时家乡纪念馆内存列的蒸汽汽车模型。

二、第一辆依靠自身动力行驶的车

1769年，法国人尼古拉斯·古诺成功地制造出世界上第一辆完全依靠自身动力行驶的蒸汽汽车，如图1–3–3所示，“汽车”由此而得名（也有人认为汽车的得名是因其大多使用汽油）。这是汽车发展史上的第一个里程碑。

古诺这辆车的车身是用很笨重的木框架做成的，车长7.3 m，车高2.2 m，框架支撑着直径为1.34 m的梨形锅炉，而整个车身放在3个大车轮上。车上装的双活塞蒸汽机是

图 1–3–2　南怀仁比利时家乡纪念馆内存列的蒸汽汽车模型

图 1–3–3　第一辆完全依靠自身动力行驶的蒸汽汽车

古诺根据法国物理学家帕潘的理论独立设计的，放弃了当时常用的大气式蒸汽机原理而采用新鲜蒸汽，所以剔除了冷凝器和相关控制部件，将锅炉、机器和动力机械都放在前轮部位。锅炉后面装有容积为 50 L 的气缸两个，前单轮作驱动兼作转向，最高速度为 4 km/h。每行驶 15 min 停车一次，用同样的时间加水烧沸，产生蒸汽后再继续行驶。经多次试验，速度改进到 9 km/h，可乘坐 4 人。但遗憾的是，由于该车方向杆操纵困难，经常发生事故，以至于试车途中，在下坡时撞到墙上，使它在诞生之际也开创了汽车交通事故的先例（见图 1–3–4）。

1771 年，古诺在失败面前毫不气馁，花了一年半的时间，又成功研制了更大型的蒸汽汽车。车长 7.2 m，车宽 2.3 m，有 3 个车轮，也是木制的，最高速度为 9.5 km/h，它可以牵引 4 ～ 5 t 的货物，性能也有所改善。但是，由于古诺的支持人被解职，新的政治统治者对它失去了兴趣，认为机械驱动的车辆对于战争没有意义，古诺的造车活动不幸终止了。

1801 年，英国煤矿机械工程师、铁路蒸汽机车发明者理查德·特雷威蒂克，在古诺蒸

图 1-3-4　第一辆蒸汽汽车诞生之际就开创了汽车交通事故的先例

汽汽车的启发和激励下，制造了英国最初的高压蒸汽汽车（见图 1-3-5）。在 1801 年年底，特雷威蒂克在康沃尔郡进行了首次试车，他的车毫不费力地爬上了山，但在郊外上陡坡时发生故障，因修理时间太长，锅炉中的水烧干导致锅炉过热而烧毁。1803 年，特雷威蒂克在伦敦又制成了能载客 8 人，形状类似于公共马车的蒸汽公共汽车（见图 1-3-6）。他驾驶该车以 15 km/h 的速度行驶了 16 km，进行客运演示。这是第一辆机动化乘用车，成为蒸汽公共汽车的先驱。至此，蒸汽汽车跨入了实用阶段。

图 1-3-5　英国最初的高压蒸汽汽车

图 1-3-6 英国最初的蒸汽公共汽车

三、手执红旗的人

早期的汽车既没有多少经济价值，又没有多少社会意义。英国贵族们开始对汽车并不感兴趣，都在高雅地喂马和装饰着马车；生活在下层的市民们不但买不起汽车，而且也坐不起汽车，当时乘坐蒸汽公共汽车的费用大概是乘坐马车的 10 倍。显然，汽车得不到人们的支持，更不能得到普及。

早期的蒸汽汽车速度缓慢，动力不足，行动笨拙，效率很低。坐在极为嘈杂和震动非常厉害的“汽车”上，不仅没有今日乘车的舒适和气派，而且要饱受日晒雨淋之苦。并且，当蒸汽汽车燃烧着煤炭或木柴，拖着黑烟在路上行驶时，经常遭到上流社会人士和马车主们的冷嘲热讽。

当时，有人在报纸上画出汽车爆炸时造成的人们断臂残足、血肉横飞的情景，以恫吓人们不要乘坐汽车。汽车行驶时对司机比对行人更危险，尽管如此，依然引起了一场轩然大波。农民说汽车吓坏了他们的牲畜，医生说汽车毒化了空气，骑手说汽车惊呆了他们的马匹，马车主说汽车抢夺了他们的生意。其中，英国的一些乡村妇女向维多利亚女王呈递了一份请愿书，在这份请愿书中说道：“我们的孩子老遇到危险，我们的东西被污损，我们的窗户无法打开，我们晚上的睡眠受到噪声的骚扰。”几乎所有人都讨厌汽车。因此，英国政府制定了一项法令，以设法迫使汽车不能上路，这就是荒唐可笑的“红旗条例”。1861 年，条例规定任何车辆的时速在乡村不得超过 16 km，在城镇不得超过 8 km。1865 年，英国议会又出台了“机动车道路法案”，其中把汽车速度限制缩小到在乡村时速不超过 6.4 km，在城镇不超过 3.2 km；并且一辆车须有 3 个人来完成驾驶，其中一名手执红旗的车务员（“红旗条例”由此得名）必须走在车前 55 m 处为机动车开道（见图 1–3–7），警告行人注意安全，并负责限制车速；严禁司机鸣笛放汽，以免惊吓马匹；与马车狭路相逢时，要为马车让路。这样，蒸汽汽车驮着锅炉和水箱组成的丑陋躯体，吭吭哧哧地“背着黑锅跳舞”。谁要是违反了上述规定，警察马上就会干涉。当然，这使汽车似乎成了被取笑的对象。

图 1–3–7　“红旗条例”规定手执红旗的车务员要走在汽车前面

当时，汽车还时常出现在喜剧电影中，充当一个丑角来供人们戏谑：车子每每抛锚，窘迫不堪的司机手忙脚乱地窜入路边树林里砍柴，愤怒的乘客掀倒汽车，一哄而散。

在这种“四面楚歌”的境况下，蒸汽汽车从 19 世纪中叶以后日趋衰落。“红旗条例”对英国蒸汽汽车及相关工业带来了毁灭性的打击，英国的蒸汽汽车和其他机动车的研发从此销声匿迹，在汽车发展史上结束了英国的先行时代。

与此同时，马车又兴旺起来。然而，马车本身固有的弱点是难以克服的。

1895 年 12 月 10 日，在伦敦加诺恩大街旅馆，在“英国汽车工业之父”弗雷德里克・西姆斯的倡导下，成立了汽车促进协会。这个协会的主要目的是为了废除臭名昭著的“红旗条例”。1896 年 11 月，“红旗条例”终于被废止，英国出台了“解放法”，将汽车的法定时速提高到 19.3 km，并且取消了手持小红旗在车前奔跑的滑稽角色。为了庆祝汽车界的这一胜利，1896 年 11 月 14 日，“英国汽车先驱”亨利・劳森和弗雷德里克・西姆斯专门举办了由伦敦到布莱顿的汽车比赛——“解放日行驶”（见图 1–3–8），33 名车手从海德公园出发前烧毁了一面象征“恶法”的小红旗。直到今天，每年 11 月份仍会举行从伦敦到布莱顿的老爷车比赛，以纪念这一事件。

图 1-3-8 “解放日行驶”活动场景（1896 年）

汽车早期发展时期在英国的惨况如上所述，那么，它在当时美国的境况又如何呢？

当今美国是“车轮上的国家”，可是 100 多年前，当汽车在这个国度刚刚出现的时候，围绕汽车所发生的一些事情“土气”十足，令人啼笑皆非。

在 19 世纪末，汽车还十分稀罕。当时美国著名的巴纳姆贝利马戏团在广告栏上赫然将“怪物”汽车列在巨人、大象和奇异侏儒模特之上。

早期的汽车虽然跑得不快，但响声却不小，吵得厉害。那时候，狗见了汽车开过就狂吠。有一段时间，执法人员追捕这种扰乱环境的汽车，抓住就予以处罚。

1875 年美国议会做出决议，认为汽车是危险车辆，“含有一种与我们任何常识性的概念都不相符合的、极其危险的自然力”。对汽车的使用和制造进行了干预。那时候，有些城镇制定了异乎寻常的法律。1899 年，加利福尼亚州圣拉菲尔镇颁布法令，要求汽车司机必须在任何过路马匹的 90 m 以外停车让行。1900 年，佛蒙特州立法规定，每一名开车人必须雇佣一位成年人在距汽车 200 m 处手执红旗开道（类似于英国“红旗条例”中的规定）。1902 年，旧金山市规定在市内行驶时汽车时速不得超过 13 km。图 1-3-9 所示为超速汽车被骑自行车的警察追捕。

到了 20 世纪初，随着资本主义工商业的发展，欧美各国政府深感马车远远不能适应时代的需要，于是又开始大力倡导动力机车。在此号召下，各国的内燃机汽车事业如“久旱逢甘霖”，又迅速地发展起来。

图 1-3-9　超速汽车被骑自行车的警察追捕

第四节　内燃机汽车的先驱

尽管后来的蒸汽汽车已达到了较高的技术水平，但是它既不具备社会条件（购买力弱、需求量小），也不具备技术前提（质量大、操作困难），而内燃机的应用为汽车的发展提供了全新的可能性。

一、内燃机汽车的最早设计者

1804 年，居住在巴黎的瑞士人阿耶萨克·德·里瓦兹利用氢气在气缸内爆发所产生的膨胀力为动力来推动车的发动机试验成功，并于 1807 年取得了法国专利权（见图 1-4-1）。他还造出了一辆试验用车（见图 1-4-2），但这种发动机的各个工作过程都是直接用手来操纵的，以至于里瓦兹后来不得不放弃试验。里瓦兹是最早尝试以燃烧式发动机应用于道路车辆的发明家。

1823 年，英国机械师塞缪尔·布劳恩发明了实用的真空发动机，他利用煤气在气缸里燃烧产生真空，从而利用大气压力来推动一些往复机件，以产生动力。1826 年，他制成了一台稍有改进仍用煤气的真空内燃机（见图 1-4-3），它装有双缸水冷式冷却装置，功率约为 3 kW，并于当年 4 月 25 日获得了专利。他用这台真空内燃机制成了一辆汽车，因此，有人说布劳恩是最早的内燃机汽车的设计人。

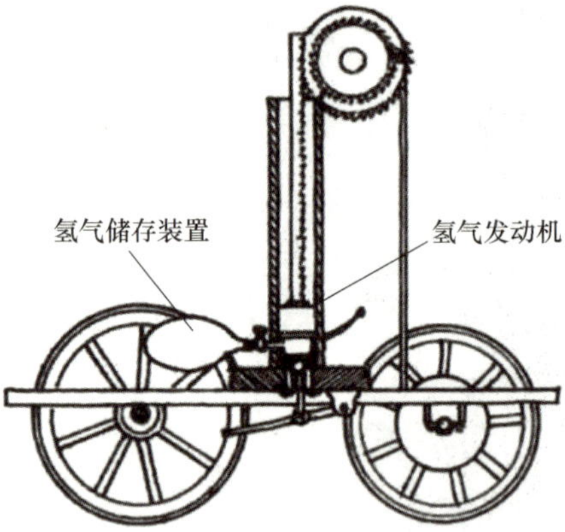

图 1-4-1　里瓦兹汽车专利图

图 1-4-2　里瓦兹的试验用车

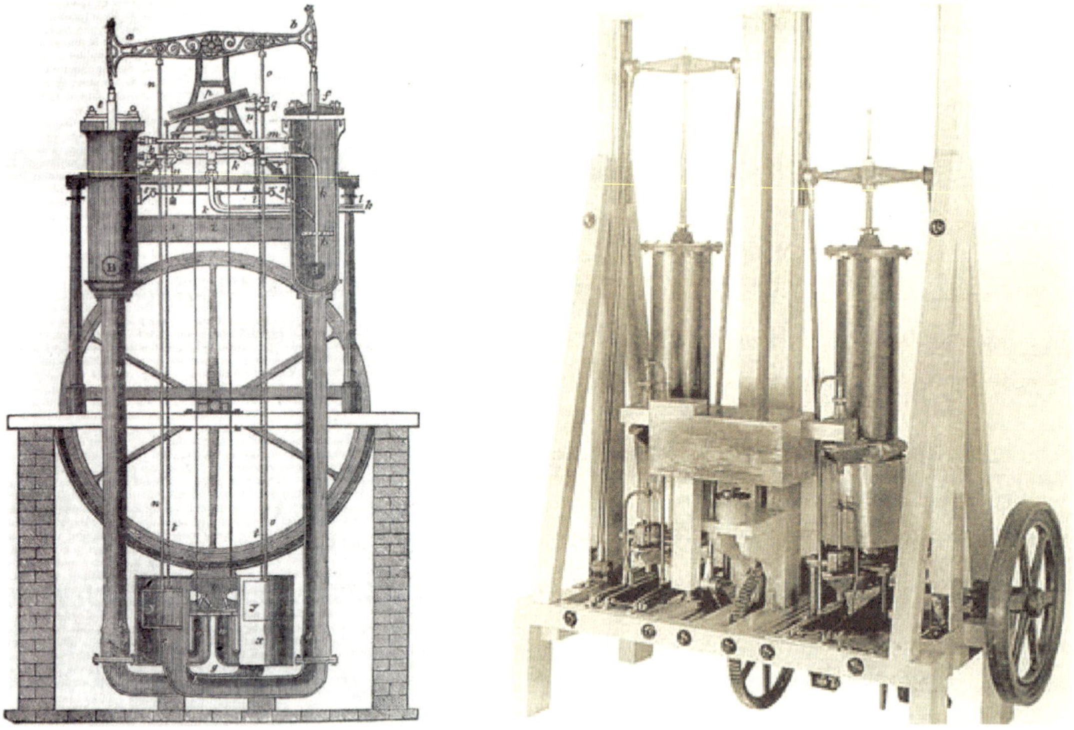

图 1-4-3　布劳恩设计制造的真空内燃机

二、第一辆能行驶的内燃机汽车

1862 年 5 月，法国技师埃特尼·勒诺瓦赫在巴黎的拉罗凯特工厂给一辆大型载客马车安装了自己设计的 1.1 kW 二冲程发动机，制造出世界上第一辆具有行驶价值的燃气内燃机汽车（见图 1-4-4）。一开始，勒诺瓦赫犹豫着不敢把自己造的汽车开到马路上去。1863 年 9 月，他终于鼓起勇气，把车开出拉罗凯特大街，穿过万塞讷森林，直到乔万比尔，行驶了 9.6 km，平均时速为 6.4 km，往返用了 3 h。第二年，勒诺瓦赫接受了世界上第一个汽车订货，货主是俄国皇帝亚历山大二世 · 尼古拉耶维奇。由于他的发动机压缩比为零，所以对它能否算是真正的内燃机汽车，人们还有争议。后来，勒诺瓦赫没有继续他在汽车方面的研究，将兴趣转移到汽艇研究方面。

图 1-4-4　勒诺瓦赫制造的第一辆具有行驶价值的内燃机汽车

1864 年，德国人杰克佛里德 · 马尔库斯在一次研制装饰灯时，偶然发现石油炼制后的产品之一——汽油，在汽化后有很大的爆发力，从而开始制造并试验汽油发动机汽车。他的没有转向装置的手扶汽车，没有使用离合器，把发动机的动力直接经齿轮传递给后轮驱动，因此在启动时，需要先把车的后部抬起。试验时，汽车大约跑了 180 m。后来，他在维也纳驾驶着第一辆装有汽油机的汽车（见图 1-4-5）在大街上试车，由于发动机噪声吓人，当局禁止他继续试车，后该车被拆除。过去不少人把他视为汽车发明人，这种假象还源于他“1877 年制造的汽车”在 1898 年的维也纳展览会上展出，据此有人认为他比本茨和戴姆勒发明汽车要早 10 年。如图 1-4-6 所示，经马尔库斯改进后的汽车现存放在维也纳的工艺博物馆。后来人们才搞清楚，马尔库斯的展车不是在 1877 年制造的，而是在 1888 年后。不过，他的功绩还是有目共睹的：

图 1-4-5　马尔库斯设计制造的第一辆装有汽油机的汽车

1883 年他设计了电磁点火系统，而博世则是在 14 年以后才造出类似的点火器；1889 年他第一次给汽车安装了电磁点火四冲程发动机。

图 1-4-6　经马尔库斯改进后的汽车

三、美国人的汽车专利

1877 年，美国纽约州罗切斯特的一名律师乔治·塞尔登设计出汽油发动机汽车。1879 年 5 月 8 日，他为设想中的三缸汽油机驱动前轮的汽车申请了专利（后来有人认为，塞尔登的这些设计是他编造的）。1895 年 11 月 5 日，塞尔登作为汽车的发明人获得了美国有名的 549160 号专利（见图 1-4-7）。但是汽车并未被制造出来，于是他把取得的专利放置起来。

不过，1902 年塞尔登向法院提出了自己的专利权问题，申诉美国汽车制造业的人们任意使用了他的专利，要求人们立即停止使用。美国许多汽车制造公司得知此事都十分惊讶，但最后只好向塞尔登支付了专利费，从而平息了这场风波。当汽车的利润“肥得流油”后，塞尔登将其专利权卖给了纽约的一些金融家。金融家立刻从中牟利，组织了“特种汽车制造商协会”（ALAM），美国境内只有承认塞尔登专利的厂商才有权生产汽车，申请特许证的 71 家汽车制造厂每年须将其销售额的一部分（1.5%）上缴协会作为专利权税。由于福特汽车公司坚持不买协会的账，从而引起专利诉讼案。直到 1906 年，在美国法院的要求下，塞尔登汽车才请人制造出来（这辆车现保存在

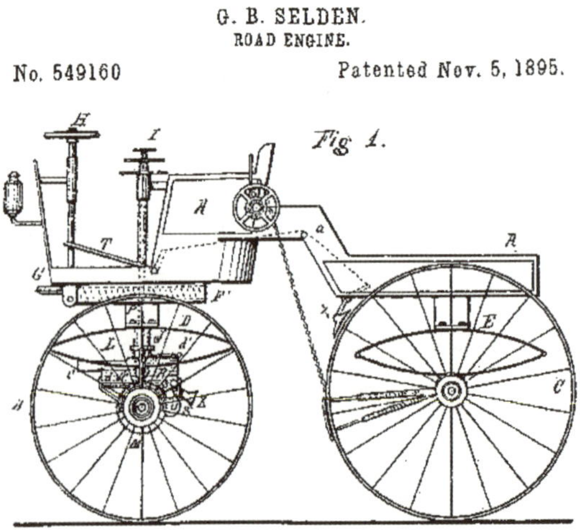

图 1-4-7　乔治·塞尔登的汽车专利图

福特汽车博物馆），如图 1-4-8 所示。1909 年 5 月 28 日，拥有 26 家成员的美国“特种汽车制造商协会”向法院投诉福特侵权制造汽车，要求赔偿 100 万美元。福特怒斥塞尔登的这项专利是充满幻想、毫无技术价值的一张废纸。1911 年 1 月 9 日，美国第二巡回上诉法院裁定被告福特并不构成侵权，塞尔登专利被限制在布雷顿发动机车辆上。这样，塞尔登专利变得一文不值。

图 1-4-8　乔治·塞尔登的汽车（1877 年设计，1906 年制造）

四、法国人的汽车专利

1883 年，法国纺织机械师爱德法特·戴勒玛·戴玻梯维尔制造了一辆在马车上装置一台双缸、4.4 L、5.88 kW 汽油机的四轮汽车。1884 年 2 月 12 日，这台发动机的点火系统和燃料供给系统获得了发明专利权（见图 1-4-9）。汽车制造好后，戴玻梯维尔把车从家中开出去进行试验，但发动机的动力远不如畜力好，这次试验失败了。接着，戴玻梯维尔改用橡胶轮胎的三轮车进行试验，由于发动机太重又把车压坏了。两次试验均告失败。“汽车制造完成”这点是可以肯定的，但是后来是否经过运行则证据不足，在地方报纸上也没有任何试车的报道，更从未经过实际使用。戴玻梯维尔申请专利的汽车是一个非常完善的发明，他已解决了所有基本问题。遗憾的是，他为了谋生，不得不放弃他在汽车方面的试验，而把他的发动机卸下来放在工厂里使用，结果他成了一个工业发动机的制造商，与汽车界再也没有任何联系。

图 1-4-9　戴玻梯维尔取得专利汽车模型

第五节　现代汽车的诞生

现代汽车通常是指内燃机汽车，即排除了蒸汽机作为动力的车辆。

一、汽车诞生的前提

从发明轮子到最终成功地制造出靠自身动力前进的车，其间经历了数千年。

无论是畜力、人力还是风力，都不能提供更快捷、更有力和更有持久耐力的车。显然，要造出能够用于道路交通的靠自身动力前进的车，关键取决于车自身的动力源。

当沉重的、固定的蒸汽机变得越来越小、越来越轻，几乎能安装到道路车辆上时，1769 年，法国人陆军技师、炮兵大尉尼古拉斯·古诺制造出世界上第一辆完全依靠自身动力行驶的蒸汽机三轮车。至此，才有了可以被称为“汽车”的车辆。

尽管蒸汽机是英国人发明的，并于 1803 年最早生产出了蒸汽机载客汽车，但是这些车辆有着巨大的锅炉，与早期在陆地、街上跑的机车头差不多笨重，因而还不能看做是汽车的前身。加之，英国议会一道“红旗条例”把英国由世界级工厂变成了二流铁匠铺。

英国人落后了，法国人占据了蒸汽汽车制造的领导地位。法国做了许多现代发动机燃烧理论基础工作。

随着可燃气体的发现，人们在 18 世纪末考虑建造燃气机。这要求在进入气缸之前，可燃气体要与空气在一个混合室内进行混合。燃气机作为蒸汽机的一个补充，在道路车辆上并没有得到实际应用。

奥托在仿造的勒诺瓦赫燃气机上进行了试验并取得经验。他的最主要改变是使用液体燃料而不是燃气。1876 年，奥托四冲程发动机结束了历时 200 年寻找适用于道路车辆动力的艰难历程。不过，奥托发动机固定，且体积大而笨重，还无法直接安放在道路行驶车辆上。

1883 年，德国工程师哥特利布·戴姆勒与好友威廉·迈巴赫合作，成功研制出高速汽油机，转速高达 600 r/min，这比奥托发动机的转速提高了 3 倍，在这以前所有发动机转速还没有超过 250 r/min 的。1883 年 8 月，他们制成了今天汽车用发动机的原型——高压点火卧式汽油机（见图 1-5-1），

图 1-5-1　戴姆勒高压点火卧式汽油机

并于同年 12 月获得了德国汽油发动机的专利。

1884 年，戴姆勒把卧式汽油机改制成体积尽可能小的立式汽油机（见图 1-5-2），取名“老爷钟”，并于 1885 年 4 月 3 日取得了专利。该汽油机的气缸采用气冷方式，立于曲轴箱之上，进气门可以自动开合，排气门由戴姆勒发明的曲线槽控制装置控制，成功地将曲柄轴以及小型飞轮纳入曲轴箱内，不但大大提升了发动机的功率，还减小了发动机的体积。

当轻便且便于携带的液体燃料内燃机作为动力源出现时，交通格局又一次发生了巨变。为此，戴姆勒、迈巴赫、本茨都做出了巨大贡献。输出相同功率的发动机，奥托发动机约为 500 kg，而戴姆勒和迈巴赫的发动机的质量只有约 50 kg，如图 1-5-3 所示。至此，汽车的诞生就是顺理成章的事情了。

图 1-5-2　戴姆勒立式汽油机

图 1-5-3　输出相同功率的奥托发动机（左）和戴姆勒发动机（右）

二、本茨三轮汽车

1886 年 1 月 29 日，德国曼海姆一个火车司机的儿子卡尔·本茨，为他于 1885 年 9 月 5 日制造成功的三轮乘坐车向德国专利局申请发明汽车的专利（见图 1–5–4 和图 1–5–5），1 月 29 日这一天成为汽车的生日，本茨被誉为“汽车之父”。这是因为公认的汽车定

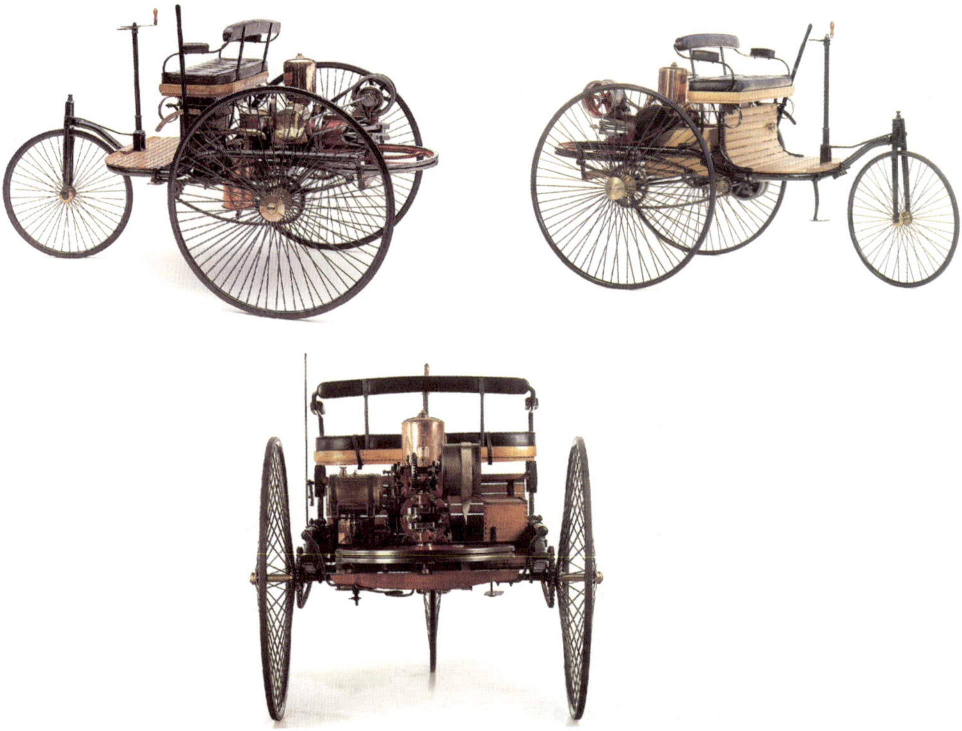

图 1–5–4　卡尔·本茨取得专利的第一辆汽车

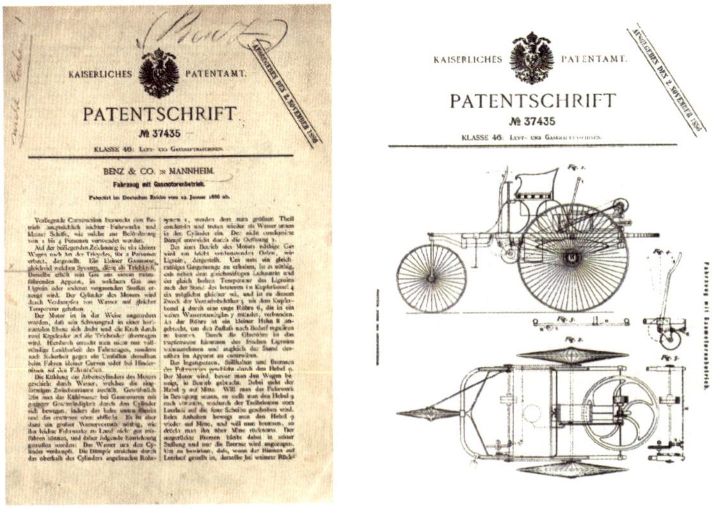

图 1–5–5　卡尔·本茨的汽车专利证书

义中排除了用蒸汽机驱动的各种车辆，而本茨是最早使汽油机汽车作为商品制造成功的人。1886 年 7 月 3 日，本茨在曼海姆的街上进行了第一次公开试验，如图 1–5–6 所示。这辆汽车在路上首次试验以 15 km/h 的速度行驶了 1 km 的消息，被刊登在第二天地方版“新巴蒂希 · 兰登奇敦”的报纸上。

图 1–5–6 本茨驾驶第一辆汽油机汽车在曼海姆环城大街上进行公开试车

本茨的三轮汽车可以乘坐两人，装有橡胶轮胎，前面有一个小轮子，后面有两个大轮子，发动机放在后轮的车架上，人坐在中间，靠一根操纵杆控制方向，并首先采用了所谓的齿轮齿条转向器，用齿轮和链条带动车的后轴转动，装有相当先进的差速器。发动机是本茨自制的单缸、四行程汽油机，排量为 0.93 L，功率约为 0.6 kW，转速为 400 r/min，蓄电池与线圈点火，并装有散热器。整车质量为 254 kg，最高车速为 16 km/h。发动机上有一个水平安置的惯性轮，本茨担心垂直设置的惯性轮转动力矩会造成三轮车在转弯时明显外倾。

本茨的成功同他妻子贝尔塔的全力支持是分不开的。由于“散发臭气的怪物”经常抛锚，因而遭到人们的嘲笑、讽刺，本茨感到十分难堪，再也不愿意在公共场所下驾驶汽车，把它丢在一个废弃的工厂里。但贝尔塔对丈夫的事业却深信不疑。1888 年 8 月 5 日早上，她对两个孩子说：“爸爸没有勇气把汽车开出去，那么我们来开。”于是，贝尔塔带着两个儿子驾驶奔驰 1888 年型三轮汽车从曼海姆的家中出发，去普福尔茨海姆。

贝尔塔的两个儿子虽然都学过驾驶汽车，但却被禁止在没有他们父亲在场的情况下驾驶汽车。当时，本茨则完全被蒙在鼓里。刚行驶了 14 km，燃料告罄，他们只好到一家医院的药房购买汽油。因此，位于海德堡以南几公里的威斯洛赫城的城市药房也成为世界上第一个汽车加油站（见图 1–5–7）。

他们三人成了人们好奇的对象。无马之车上发动机的“突突”声以及硬橡胶车胎挤压路面所发出的“嚓嚓”声，吸引了众多的围观者和马车夫惊奇的目光。一路上，车子屡次出现故障，好在他们都及时排除了。三个人行程约为 106 km，最后顺利地到达普福尔茨海姆。3 天后他们又驾车回到了曼海姆。这次长途驾车旅行使他们成为世界上最早乘坐汽油机汽车进行长途旅行的人。

1888 年 9 月 12 日，本茨的三轮汽车在慕尼黑的“动力与做功机器展览会”上震惊了所有人，并获得了设计金奖。当时的报纸上写道：“星期六下午，人们怀着惊奇的目光看到一辆三轮马车在街上行走，前面没有马，也没有辕杆，车上只有一个男人，‘马车’在自己行走，后面跟随着屏住呼吸的数不清的行人，大街上所有的行人都惊奇万分。”

图 1-5-7　世界上第一个汽车加油站

1899 年，本茨汽车公司改组为有限公司，成为当时世界上最大的机动车生产厂。

三、戴姆勒四轮汽车

另一个伟大的现代汽车创始人——戈特利布·戴姆勒，则带领人类驶入现代汽车的新纪元。

1885 年 8 月 29 日，德国人哥特利布·戴姆勒把汽油机装到专门制造的自行车上，获得了摩托车专利（见图 1-5-8），注册时将其命名为“石油发动机骑行车”。该摩托车装有戴姆勒自制的单缸、风冷、四行程汽油机，功率约为 0.4 kW，转速为 600 r/min；车架为木制，左右还有两个支地小车轮，最高车速为 12.9 km/h。1885 年 11 月 10 日，戴姆勒的长子保罗驾驶这辆摩托车骑行了 6 km。

1886 年 3 月 8 日，戴姆勒为庆祝妻子埃玛的 43 岁生日，花 795 马克订购了一辆四轮马车，他在埃斯林根机械制造厂将马车加以改制，将他的立式汽油机安装于马车上，增添了传动、转向等必备机构。该车装有缸径为 122 mm、排量为 0.47 L、功率为 0.845 kW、转速为 650 r/min、水冷、单缸的汽油机；汽车车速可达 17.5 km/h，可变换 4 个速度（17.5 km/h、11 km/h、7 km/h 和 4.5 km/h）；发动机后置，安放在座椅和地板之间，通过皮带传递动力到与后轮平行的齿轮轴上，该齿轮轴和与轮辐相连的齿盘啮合，从而带动车轮；装有摩擦式离合器，后轮驱动，采用转向杆转向；车架涂着深蓝色漆，座位上套着黑色皮套；车前挂着一盏油灯用以夜晚照明。戴姆勒的这辆四轮马车于 1886 年 8 月制成，是世界上第一辆具备完全功能的乘坐用四轮汽油机汽车（见图 1-5-9）。

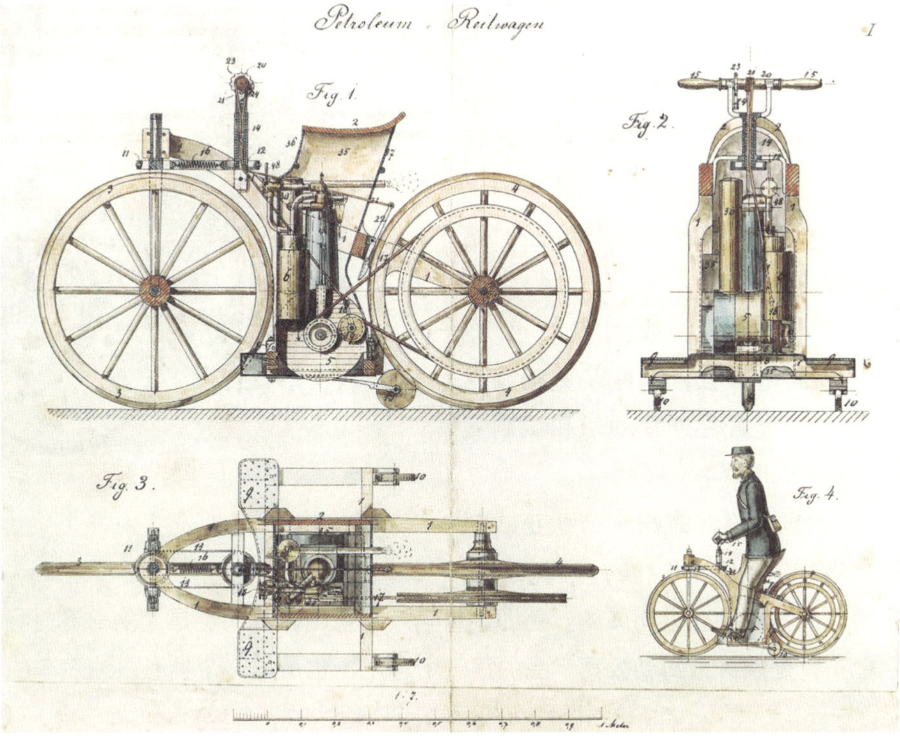

图 1-5-8　戴姆勒取得专利的世界上最早的摩托车

图 1-5-9　世界上最早的乘坐用四轮汽油机汽车

与戴姆勒一起研制内燃机和汽车的“汽车设计之王”威廉·迈巴赫显然不满意将他们的汽油机仅仅用在四轮马车上，与戴姆勒把发动机装在马车上的想法不同，迈巴赫把目光转向了扶把式四轮自行车，他认为这会是未来汽车中令人信服的机械结构。他设想的第一个产物是一辆钢轮汽车，最先取名为四方自行车，如图 1-5-10 所示。迈巴赫采用了这种前轮叉形转向车把、钢管框架和钢辐条车轮结构，并成功地在这辆车上装上滑动齿轮的 4 速齿轮变速装置，从此滑动齿轮系统被正式应用在汽车制造中。这辆“齿轮传动钢轮汽车”出现在 1889 年的巴黎世界博览会上，用户的广泛好评是对这项技术的最好验证。

图 1-5-10　迈巴赫和戴姆勒研制的齿轮传动钢轮汽车

1890 年 11 月 28 日，戴姆勒在斯图加特附近的坎斯塔特城，组建了戴姆勒发动机有限公司，批量生产发动机和试制汽车。

1892 年 8 月 31 日，戴姆勒公司正式制造了第一辆汽车（见图 1-5-11），该车是在迈巴赫钢轮车的基础上改进而成的。随即，首辆汽车售出，其买主是摩洛哥苏丹穆莱·哈桑一世。他不仅是购买戴姆勒公司产品的第一个客户，也是第一个拥有汽油汽车的君主。

图 1-5-11　戴姆勒公司首辆正式生产的汽车

在法国代理商的要求下，本茨于 1893 年造出了第一辆四轮汽车“维多利亚”，如图 1-5-12 所示。这意味着本茨已放弃了第一辆以自行车为基础的三轮车结构。该车采用转向盘取代了转向杆，同时按照客户的要求，在前挡板处加了一排座椅，乘客可以相向而坐。

1898 年 9 月 12 日，在汽车迷埃米尔·杰里内克的要求下，戴姆勒生产了一辆前置

21 kW、四缸发动机的戴姆勒凤凰汽车（见图 1–5–13）。1899 年 3 月 21 日，这辆汽车参加了在法国著名的地中海海滨城市尼斯举行的汽车大赛，取得了好成绩，使许多人前来询问汽车的制造厂家。杰里内克便产生了做生意的念头，他投入大笔资金，再次建议改进凤凰牌汽车，增加轴距、降低重心、增大功率、提高速度，又向戴姆勒公司订购了 36 辆凤凰牌汽车，用喷有 36 种不同颜色的漆代表 36 个国家，取得了法国、比利时、美国等地独家经销戴姆勒汽车的权利，并以他 10 岁女儿（生于 1889 年 9 月 16 日）拉蒙娜·杰里内克的爱称“梅赛德斯”命名汽车。这批订货在当时是相当大的，价值 55 万金马克，这对当时年产仅 90 辆汽车、总员工只有 344 人的戴姆勒公司来说是个巨大的商机，故而在 1900 年 6 月 8 日戴姆勒同意了埃米尔·杰里内克的条件。

图 1–5–12　本茨的第一辆四轮汽车“维多利亚”

图 1–5–13　戴姆勒凤凰汽车在当时是最现代的汽车

1900 年 11 月 22 日，由威廉·迈巴赫设计的第一辆以梅赛德斯命名的汽车诞生了（见图 1–5–14、图 1–5–15）。虽然该车发动机的功率只有 26 kW，但它却有现代轿车的基本特征：流线型车身，前置发动机，低而平稳的底盘，齿轮换挡系统，尺寸一致的车轮；铝合金发动机体、双凸轮轴、蜂窝状散热器，博世间断式点火器；功率提高了，汽车自重却只有原来凤凰牌汽车的一半——1 000 kg，速度则提高了一倍——时速可达 88 km，在那个时期拥有这个速度的汽车是相当先进的。这辆梅赛德斯汽车在 1901 年 3 月 25—29 日的尼斯赛车周上引起了不小的轰动，在城市赛和山路赛中打败了所有竞争者，出尽了风头，人们从此进入了“梅赛德斯时代”。从此，梅赛德斯汽车在世界赛车会上崭露头角，打开了向美国等国家出口的大门。

从 1901 年起，在汽车冷却器上就写着“梅赛德斯”（MERCEDES），名称上取代了“戴姆勒”，戴姆勒公司生产的轿车都命名为“梅赛德斯”了。MERCEDES 也于 1902 年 6 月 23 日注册（9 月 26 日开始生效），1909 年被戴姆勒公司正式申请为轿车品名。戴姆勒汽车以

图 1-5-14　迈巴赫制造的第一辆以梅赛德斯命名的汽车 MERCEDES 35PS

图 1-5-15　埃米尔·杰里内克在试车途中

优异的发动机性能、先进的安全结构及精致稳定的品质，树立了良好的声誉，就近代营销学的观点，拥有一个浪漫的车名——梅赛德斯（意为“优雅”），应该也是其成功促销的诱因。

梅赛德斯汽车与其他汽车的不同之处在于，其他汽车的发动机在司机座位的后面，或者是下面，使其轴荷分配较均匀，而梅赛德斯汽车的发动机则装在司机座位的前面。戴姆勒的梅赛德斯汽车几乎在一夜之间突然并永久地改变了现实，使其他型号的汽车都变成了过时的产品。特别是戴姆勒生产的汽车速度快，在竞赛中屡屡获胜，名声大震，销路日广。1903 年，戴姆勒公司超过了奔驰公司而跃居汽车工业之首。

这一批梅赛德斯新车的设计的确非同寻常，因而引起了当时人们的极大兴趣。它拥有一个长长的冲压钢柜，一个斜置的转向柱，位于车头的是四缸发动机、蜂窝状的水箱、水泵以及变速器。在以后近 50 年时间里，这种结构几乎成了现代汽车的标准。梅赛德斯对于汽车总体发展产生了强有力的影响，全世界的汽车公司都在复制它的外形和技术。

第一次世界大战结束后，由于通货膨胀，销路困难，为了竞争的需要，在 1926 年 6 月 29 日，戴姆勒和本茨两人的公司合并成为戴姆勒 – 奔驰汽车公司（目前已改名为梅赛德斯 – 奔驰集团），所生产的汽车都命名为梅赛德斯 – 奔驰（见图 1-5-16）。不可思议的是，这两位汽车业的创始人，一生中从未见过面，共同为现代汽车的发展奠定了坚实的基础。其中，卡尔·本茨为汽车确立了基本的概念，而哥特利布·戴姆勒则为汽车的发展提供着源源不断的动力。

图 1-5-16　合并后的戴姆勒-奔驰汽车公司生产的第一款车梅赛德斯-奔驰 K 型（1927 年）

第六节　电动汽车的发展

现在新能源汽车是一个热点，新能源汽车中的电动汽车又是市场的热门。不过，回顾汽车发展史，把电动汽车归类为新能源汽车有些牵强，实际上电动汽车诞生的时间比内燃机汽车早了半个多世纪。

一、电动汽车的雏形

早期，电动汽车（简称电动车）基本上是一些由电池驱动的无马马车。

1832—1839 年，苏格兰的罗伯特·安德森发明了一辆原始电动车。他给四轮马车装上了不可充电的一次性电池和电动机，将其成功改造为世界上第一辆靠电力驱动的车辆。通常，人们将安德森作为电动汽车的发明者。

1834 年 7 月，美国佛蒙特州铁匠托马斯·戴文波特开发了一种用电池供电的电动机。他用 4 个电磁铁制造了直流电动机，配有电刷和换向器。第二年，他建造了一个在直径为 1.22 m 的圆形轨道上运行的电动车，它只不过是建造在圆形轨道上运行的戴文波特电动机的一个版本，它通过运行的轨道获得动力，并达到了约 5 km/h 的最高速度。这是第一个有记录的电动汽车实例，如图 1-6-1 所示。

图 1-6-1　建造在圆形轨道上运行的电动车

1837 年 7 月，英国人罗伯特·戴维森在苏格兰阿伯丁制作了世界上最初的可供实用的电动四轮车。他的电动汽车可搭载

2 人，是历史上第一个记录下来的载客电动汽车。1842 年 9 月，戴维森建造了全尺寸的电动车加尔瓦尼，车长 4.8 m，车宽 1.8 m，使用铁、锌、汞合金与硫酸进行反应的一次性电池，在底盘上绑有电池和磁铁形成的电动机，输出功率不到 730 kW，车重约为 5 000 kg。1842 年下半年，戴维森进行了试运行，行驶速度可达 6.4 km/h，整车在试验过程中行驶了 2.5 km。但是加尔瓦尼昂贵的电池是一次性使用的，戴维森无法找到投资者继续他的电动车发展事业，电动车最终没能实现生产。戴维森的这种电动车被人们认为是现在公路和铁路电动车的雏形，如图 1-6-2 所示。

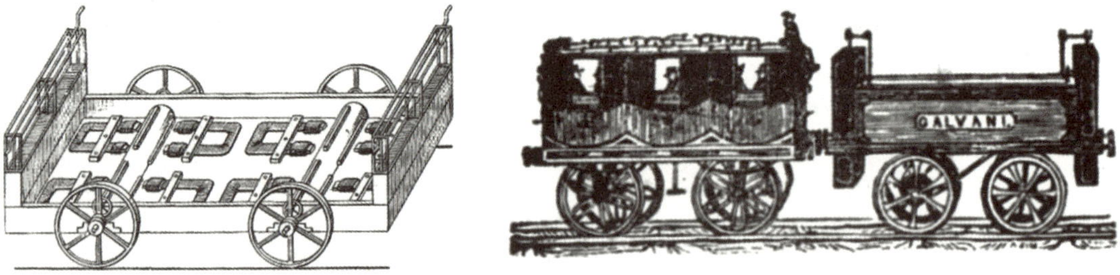

图 1-6-2　电动车加尔瓦尼模型

二、从三轮到四轮

1881 年 4 月 19 日，法国电气工程师和发明家古斯塔夫·特鲁夫在巴黎制造了第一辆能实际操作的电动三轮车，成功进行了实验。该电动三轮车的动力装置由一台电动机和 6 个铅酸蓄电池组成，总质量达 160 kg，最高车速为 12 km/h，续航里程只有 16 km。1881 年 11 月，这辆电动汽车在巴黎举行的国际电器展览会上展出时，引起了不小的轰动，如图 1-6-3 所示。

图 1-6-3　特鲁夫研制的可充电电动汽车

1884 年，英国发明家、电气工程师托马斯·帕克在伦敦第一个试制出电动汽车，使用了他自己特殊设计的高容量可充电电池。帕克对更省油的车辆构造感兴趣，于是对电动汽车进行试验。同时，他一直关注着伦敦的烟雾污染所产生的恶性影响，从而有了开发无污染的电动汽车的行为，如图 1–6–4 所示。

1888 年，尤厄尔 – 帕克公司制造了一辆车速可达 11 km/h 的电动公共汽车，用于伦敦的公共交通。电动公共汽车不会造成路面的损坏和对街道造成污染，因此受到伦敦市民的欢迎，如图 1–6–5 所示。

图 1–6–4　帕克研制的电动汽车

图 1–6–5　尤厄尔 – 帕克公司制造的第一辆电动公共汽车

1888 年 7 月 26 日，德国第一辆四轮电动车——弗罗克四轮电动汽车，被成功制造出来，德国工程师安德烈亚斯·弗罗克创造了这一历史。该车电动机的输出功率为 700 W，可充电电池质量约为 100 kg，总质量为 450 kg，如图 1–6–6 所示。

图 1–6–6　弗罗克研制的电动汽车（1888 年）

三、美国电动汽车的衰落

1884 年，美国人安德烈·莱克尝试将电动机和电池安装在自行车上，开始试制三轮电动车。1888 年，安德烈·莱克在新泽西伊丽莎白港创建了莱克电动汽车公司。1891 年，莱克成功研发出三轮电动车，使用铅酸电池可以行驶 40 km，车速可达 13 km/h，如图 1–6–7 所示。

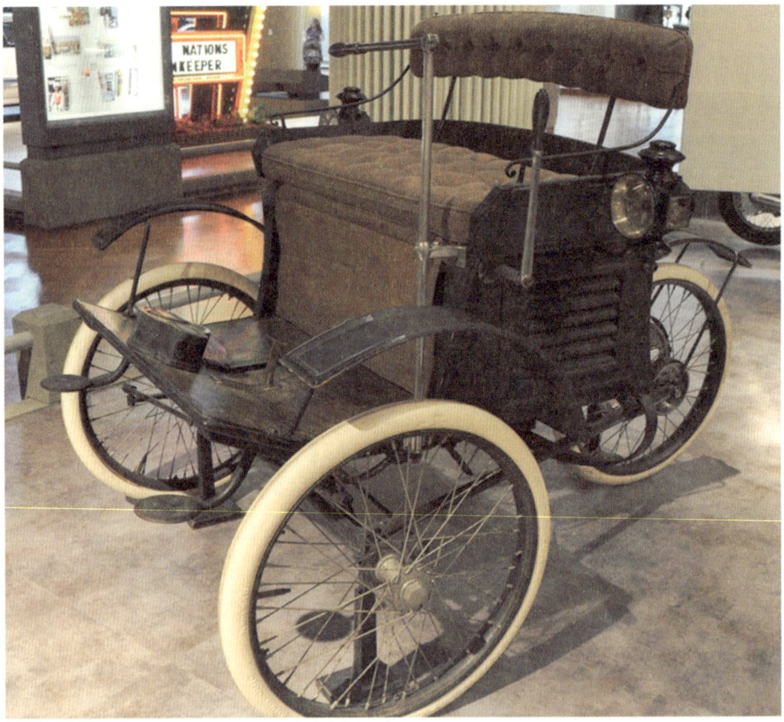

图 1–6–7　莱克研制的电动三轮车

1888 年 7 月 27 日，美国人菲利普·普拉特在波士顿温思罗普广场演示了美国最早的实用电动三轮车，他被后人誉为“美国电动汽车之父”。普拉特的电动三轮车是由弗莱德·金博尔公司建造的。该车使用 10 个铅酸电池，电压为 20 V，直流电动机输出动力为 370 W。一条皮带从电动机驱动一个装有踏板的轮子，再由链条驱动主轴。驾驶员坐在电池组合上方，整个车辆的质量为 143 kg，最高车速为 13 km/h，如图 1–6–8 所示。

图 1–6–8　弗莱德·金博尔公司建造的电动三轮车（电池没有安装上，1888 年）

美国第一辆四轮电动汽车是居住在美国爱荷华州的苏格兰机械工程师威廉·莫里森于1887年开始试制，最终在1890年9月取得成功的，如图1–6–9所示。该车在前排座椅下安置了24个蓄电池单元，电压为48 V，电容量为112 Ah，输出功率为3 kW。每行驶160 km左右就需要进行充电，每次充电用时10 h。每个蓄电池单元质量为14.5 kg，整车质量为2 t。电动机驱动齿轮，然后使后轴转动。每辆车可搭乘6～12名乘客，行驶速度可达22.5 km/h。1890年，莫里森生产了12辆电动汽车。1893年在芝加哥举办的哥伦比亚展览会上，莫里森的电动汽车受到了广泛好评。从此，美国的电动汽车热潮开始了。

1894年8月31日，美国机械工程师亨利·莫里斯与化学家佩德罗·萨罗姆进行合作，为一辆“电击”电动车取得了专利，如图1–6–10所示。该车是由当时的小货车改造而成的，后轮大、前轮小，后轮转向，所用动力源由44个总质量为726 kg的酸性电池组成，总容量达100 Ah，使用两台通用电气公司的2.2 kW电动机，短时最大功率可达6.6 kW，车速通过电压进行控制，最高车速达24 km/h，行驶距离最远可达80 km，总质量为1 928 kg。1896年，他们在纽约曼哈顿成立了美国第一家电动汽车公司莫里斯–萨罗姆电动客车与货车公司，并创建了第一个电动车辆出租车队，开创了美国电动车辆商业运营的先河，如图1–6–11所示。

图1–6–9 莫里森驾驶他的电动汽车进行公开展示

图1–6–10 莫里斯和萨罗姆驾驶着电动车“电击”

在19世纪末20世纪初迎来经济繁荣的美国，人们的收入快速增长，汽车开始流行起来，特别是电动车销量远远超过其他动力的汽车。由于技术的限制和缺乏晶体管为基础的电子技术，这些早期电动车的最高车速被限制在32 km/h。

然而，电动汽车相比同时代的其他动力汽车具有非常明显的优势，它们震动小，没有难闻的废气，也没有汽油机巨大的噪声。汽油机汽车需要换挡，令其操控起来比较复杂，而电动车直流电动机低转速时的大扭矩输出特性，使它用作汽车动力时不需要复杂的传

图 1-6-11　纽约曼哈顿街头的电动出租车

动系统，且操作简便，因而电动汽车成为机动交通工具的一个主要发展方向。虽然蒸汽机汽车也不需要换挡，但在寒冷的冬天却需要长达 45 min 的漫长预热时间。由于当时只有城市中才拥有良好路面，大部分时候汽车只能在本地使用，因此电动汽车续航里程短的问题并没有成为阻碍其发展的原因。

电动汽车也逐渐成为上流社会喜好的城市用车，它提供了清洁、安静、舒适和奢华体验，除了带有玻璃窗户的车门，车内还有雕刻的木质内饰及水晶花瓶，甚至露在外面的挡泥板都用皮革包裹，并且易于操控，非常适合女性驾驶，如图 1-6-12 和图 1-6-13 所示。

图 1-6-12　电动车清洁、安静，易于操控，适合女性驾驶

1908 年，福特汽车公司开始生产著名的 T 型汽车，但亨利 · 福特却为他的妻子购买了一辆底特律 C 型电动车，这主要源于他的妻子也喜欢电动车。底特律 C 型电动车还配备了一个特殊的婴儿座椅。她的第三辆汽车是 1914 年款底特律 47 型布鲁厄姆电动车。

图 1-6-13 20 世纪 90 年代在美国的一些家庭，女人经常开电动汽车

事实上，早期的电动车被人们认为是“女性车”，一些男士车主觉得受到了侮辱，导致一些公司将假的“散热器”贴到汽车前面伪装成内燃机汽车，从而来掩盖汽车的电力推进系统。

1899 年，纽约市的出租车 90% 都是电动汽车。1900 年美国生产了 4 159 辆汽车，其中电动汽车达 1 575 辆，而内燃机汽车仅为 936 辆。在纽约举办的美国第一届汽车展览会上，在征询当时参观者对汽车发动机的喜好时，赞成电动汽车的占大多数，其次是蒸汽机汽车，而赞成内燃机汽车的仅占 5%。有些参观者列举了他们不喜欢内燃机的另一个原因是，担心这些采用多种燃料的动力装置会发生爆炸，可能会招致引火烧身的危险。

到了 1912 年，很多美国家庭都已经通电，从而能够在家中完成为汽车充电，电动汽车的销量达到了顶峰，当年美国电动汽车的保有量达 38 843 辆。1915 年，美国电动汽车的保有量高达 5 万辆。

从 1920 年开始，电动汽车逐渐被内燃机汽车替代，究其原因主要有四点。第一，美国在城市间建立起良好的公路网络，需要汽车拥有更长的续航里程。第二，得克萨斯州、俄克拉荷马州和加利福尼亚州等大油田的发现，降低了汽油价格，令普通消费者也能负担燃油费用。第三，海勒姆·马克沁在 1897 年发明了消声器，大幅降低了内燃机的噪声。第四，查尔斯·凯特林在 1911 年发明的电起动系统，使汽油机不再需要人力起动。而且，当时的电动汽车的车速慢（不超过 32 km/h），仅限于城市小范围使用（行驶距离为 50 ~ 65 km），而内燃机汽车的速度更快，续航里程更长，并且价格更便宜。例如，1915 年福特汽车的售价低至 440 美元。与此相反，效率较低的电动汽车却价格昂贵，一款 1912 年的普通电动双座敞篷汽车售价为 1 750 美元。因此，到 1920 年，电动汽车销量迅速下滑。1929 年，美国最后一家电动汽车公司底特律公司申请破产，电动汽车发展停滞了。

四、中国电动汽车引领世界

经过几十年的发展，虽然屡次出现机会，但是直到21世纪初期电动汽车也没有再现19世纪末期至20世纪初期的辉煌。根源在于其生产成本高，使用维护成本高，电池能量密度低、续航里程短，充电便利性差，同时电池的体积大、笨重，使用寿命不长，废旧电池的处理费用昂贵，这些缺点严重阻碍了电动汽车的普及。

在严格控制排放和节省能源的今天，依靠电力电子控制技术、计算机技术、新动力电源技术，电动汽车又表现出新的活力和发展机遇。

截至2021年年底，全球已有1 650万辆插电式（PEV）电动乘用车和轻型电动商用车销往全球。

2021年全球插电式电动汽车销量650万辆，特斯拉销量排名第一（93.6万辆），比亚迪销量排名第二（59.4万辆），五菱销量排名第三（见图1-6-14，45.6万辆）；销量前三的车型分别是特斯拉Model 3约50万辆、五菱宏光MINI EV约42万辆和特斯拉Model Y约41万辆。

图1-6-14　2021年五菱宏光Mini EV销售42万辆，成为中国销量最多（全球第二）的单一车型电动车

尽管美国和日本在电动汽车的开发上曾经领先，但中国却后来居上，引领世界。

中国在2014年确立了发展新能源汽车的汽车强国战略。2016年中国的新能源汽车销量为50.7万辆，同比增长53%。2021年，中国新能源汽车销量为352.1万辆，同比增长1.6倍，连续7年位居全球第一。目前，中国是全世界新能源汽车保有量最多的国家，新能源汽车销量占全球的50%。发展新能源汽车是中国汽车产业由汽车大国向汽车强国转变的重要途径，也是中国减少碳排放、实现碳中和的重要举措。

发展新能源汽车是保障国家能源安全、优化能源结构的战略选择。中国油气对外依存度高，近几年中国原油和天然气对外依存度分别超过70%和40%，能源安全形势严峻。

2021年10月26日，国务院印发《2030年前碳达峰行动方案》，规定到2030年，当年新增新能源、清洁能源动力的交通工具比例达到40%左右。巨大的市场规模为自主品牌在新能源领域的发展提供了有利条件。中国品牌率先发力，高端品牌培育初见成效。

截至 2021 年年底，中国充电基础设施总量达到 261.7 万台。其中，公共充电基础设施由 2015 年年底的不足 5 万台增长到 114.7 万台，私人专用充电桩 147 万台；另有充电站超过 7.5 万座，换电站 1 298 座。中国电动汽车应用网络体系基本形成。

中国新能源汽车行业正蓬勃发展，传统整车企业纷纷发布新能源汽车高端品牌战略，力争把握产业变革机遇，实现品牌向上和产品高质量发展。纯电动大巴已成为中国商用车出口海外的一张闪亮名片。除了传统的车企转型新能源汽车外，造车新势力以“颠覆者”的姿态全面进军汽车行业。

电动汽车的制造门槛大大降低，方便了各方新势力进场造车：一是电动汽车的动力系统由原来高技术壁垒的内燃机和变速箱变成了“三电”（动力蓄电池、驱动电机、整车电控）系统，电动汽车零部件数量较传统燃油车减少约 40%，系统复杂程度降低；二是电动汽车产业链日益成熟，特别是上游产业链，供应体系比较完善。电动汽车相对简单的结构及核心技术壁垒的降低，决定了制造电动汽车的盈亏平衡点会大大降低，因此有越来越多的“新势力”看到了这个机会。造车新势力更加专注于新能源汽车，并在网联化、智能化等方面具备较强的技术储备和优势，在市场上成功塑造了专注于用户体验、科技创新和解决用户里程焦虑痛点的鲜明品牌形象。

中国汽车技术水平显著提升。传统车企、造车新势力和关键零部件领域均出现了位居全球新能源汽车品牌前列的企业。就目前电动汽车的核心技术而言，中国和国外的汽车企业基本处在同一起跑线上，在电动汽车动力蓄电池方面占据一定的优势。

电池系统占到整车成本的 40% 左右，动力蓄电池是电动化核心赛道。动力蓄电池行业是技术密集型叠加资本密集型行业，当前行业逐步走向集中，未来行业的走向是寡头垄断。全球动力蓄电池格局基本确定，中国的宁德时代拿下全球所有主流车企定点项目，大半为主供应，获取优秀整车厂的大量订单可以形成电池产品的快速迭代，占据全球动力蓄电池的龙头地位。

预计未来国内龙头走向海外，长期将升级为全球龙头，格局、竞争力都处在优化的上升通道。同时，还有其他企业陆续进入海外车企的核心电池供应链中，中国动力蓄电池企业已经体现出极强竞争力。中国、日本和韩国控制着全球动力蓄电池行业 80% 以上的产能，而中国总产能则占全球 50% 以上。

2021 年，中国动力蓄电池累计产量为 219.7 GWh，同比增长 163.4%；销量为 186.0 GWh，同比增长 182.3%；装车量为 154.5 GWh，同比增长 142.8%。其中，磷酸铁锂电池装车量为 79.8 GWh，同比增长 227.4%，占总装车量的 51.7%；三元锂电池的装车量为 74.3 GWh，同比增长 91.3%，占总装车量的 48.1%。两种主流产品，占到总装车量的 99.8%。

动力蓄电池上游是电池材料，直接材料成本占据动力蓄电池电芯成本的 80% 以上，因此电池材料是电池降成本的关键之一。中国的动力蓄电池材料方面更是优势明显：一是品质优势，在高镍正极、人造石墨、湿法隔膜等领域处于全球领先地位；二是成本优势，受益于资本开支低、人工制造成本低和生产效率高，中国材料制造成本远低于海外，具备极强的性价比优势；三是产能优势，中国的设备成本和建设成本低使扩产成本低于海外，更有能力进行产能建设；四是资源优势，中国企业拥有全球最优质的锂资源，中国的锂储量排名世界前五。这也是动力蓄电池产业链的最上游。中国锂电材料产业链正在以奔跑式的速度占领全球新能源汽车产业链高地，并通过自身的产能、成本和服务等优势迅速抢占全球市场份额。

在中国众多世界级智能网联企业的支持下，与汽车企业优势互补，将产生良好的“化学反应”，自主品牌车企综合竞争力得到明显增强。无论是造车新势力，还是传统自主品牌车企，在电动化的驱动下，都将拉近与国外车企的差距，甚至完成超越。

必须承认的是从城市交通工具的角度出发，电动汽车的优势要较传统内燃机汽车更加吸引人，电动汽车的未来与动力蓄电池是否轻便、高效、安全和廉价息息相关。目前来看，电动汽车与传统内燃机汽车共存的局面还要持续一定的时间。

第七节　汽车外形的变化

汽车的造型是否美观是影响购买者选车的重要因素，直接关系到这款车甚至制造商的发展。因此，汽车的造型设计至关重要，全球各大汽车企业在汽车造型方面倾注了大量的人力和财力。

汽车的车身外形变化，从技术上讲主要取决于机械工程学、人体工程学和空气动力学三个方面。机械工程学要求动力性好，操控稳定性好；人体工程学要求为驾乘人员提供足够的活动空间，舒适性好；空气动力学要求汽车外形具有良好的流线型，空气阻力小。

纵观汽车发展史，汽车外形的变化经历了汽车初期的人力车和马车阶段，后来逐渐转到了仿生学。

一、马车型

在汽车发展的早期，汽车就是根据马车的造型演变而来的，甚至还有些厂商在车前方安装一个马头造型（见图 1–7–1）。如本茨发明的汽车是在人力三轮车的基础上发展而来的；世界上第一辆四轮汽车——戴姆勒四轮汽车（见图 1–7–2），则是在马车上安装了内燃机。因此，当时汽车的发展主要着眼于研究汽车的机械工程学，即只要使汽车开动起来就行，而汽车的外形基本上沿袭了马车的造型，所以当时的汽车又被称为“无马的马车”。

由于马车车身通常是敞开的或仅用活动篷布来避风挡雨，难以阻挡风吹雨淋，必须对此进行改进，以满足使用者的要求。

图 1-7-1　早期的汽车

图 1-7-2　马车型汽车代表——戴姆勒四轮汽车

二、箱型

第二代车型——箱型汽车，以 1915 年福特 T 型汽车为代表，如图 1-7-3 所示。其乘员厢就像一只大箱子，可以较好地抵挡风雨，因此被称为“箱型汽车”。

图 1-7-3　箱型汽车代表——福特 T 型汽车

随着汽车的普及和生活节奏的加快，对车速的要求也越来越高，人们通过提高发动机功率的办法来克服汽车阻力，使车速加快。这样一来，发动机由单缸变成 4 缸、6 缸、8 缸，气缸一列排开，发动机罩也随之变长。

为提高车速，人们开始降低车身的高度，以减小空气阻力，但由于车顶高度的降低影响前方视野，这种方法最终被放弃。

作为高速汽车，箱型形状并不理想，因为它的阻力大大妨碍了汽车前进的速度，所以人们又开始研究一种新的车型——流线型。

三、甲壳虫型

第三代车型——甲壳虫型汽车，以 1934 年 1 月美国克莱斯勒公司生产的气流轿车为代表。

20 世纪 20 年代末，克莱斯勒公司的工程技术人员开始对汽车空气动力学进行深入研究。克莱斯勒公司的工程师卡尔·比尔与他的同事佛瑞德·哲德、欧文·斯凯尔顿等人在密歇根州的高地公园城建起了一个昂贵的风洞实验室，用来测量汽车模型的风阻。1930 年 4 月，经过风洞测试，他们决定将车身制成流线型，前面有较大的横截面，沿车身纵向越往后横截面越小的“水滴状”造型。他们试制出了一辆样车，是模仿齐柏林飞艇的外形，如图 1–7–4 所示。这是一辆两厢 4 门 6 座车，整个车身线条圆滑，为了符合空气动力学，尾部被设计成向后凸起的圆锥形，但这一造型很难被用户接受，无法批量生产。

图 1–7–4　比尔等人试制的模仿齐柏林飞艇的样车

于是他们对这一造型进行改良，在符合空气动力学原理的同时，尽量适应批量化生产的要求以及人们当时的接受程度，于是“气流”诞生了。1932 年第一部“气流”样车制成，它吸取了飞艇、流线型火车等多种减少空气阻力造型的长处。

1934 年 1 月，在纽约汽车展览会上，“气流”首次与公众见面（见图 1–7–5）。这是一辆全新的汽车，以往独立布置的前翼子板、头灯全都不见了，展现在人们面前的“气流”已将大部分前翼子板缩入车身两侧，前照灯也已融入车身，去掉了脚踏板，消除了原来凹凸部分，前风挡首次采用整块曲面玻璃，进一步减小了空气阻力，瀑布状倾斜布置的水箱通风罩栅，使流线型车身更显流畅，颇具动感，俯视整个车身呈纺锤形，很有特色。车的头部和尾部采用光滑的曲面、曲线和大圆弧过渡的造型，翼子板与侧围的装饰有机地结合成一体，给人以圆润、畅通的美感。

图 1–7–5　克莱斯勒气流轿车

但是，“气流”的销售情况并不好。究其原因，主要是其外形设计超越了当时大众的欣赏能力，由于看惯了传统的厢式汽车，人们对这一革命性的变革一时还难以接受，甚至还讥讽它的外形“如此臃肿”“像植物的球茎”“像瞪着双眼的河马”等。

无论如何，克莱斯勒气流牌汽车开创了流线型汽车的时代。在它的影响下，一个又一个甲壳虫型汽车的经典之作得以诞生，比如美国的林肯和风（见图 1–7–6）、日本的丰田 AA、瑞典的沃尔沃 PV36、德国的大众甲壳虫（见图 1–7–7）等车型。

图 1–7–6　林肯和风

图 1–7–7　大众甲壳虫（1938 年）

四、船型

第四代车型——船型汽车，以 1949 年福特 V8 型车为代表，如图 1–7–8 所示。

图 1–7–8　福特 V8 型车

船型汽车的外形是直线平面与棱线的过渡相结合，显得挺拔刚健、简洁大方，有一种安稳的美感。它一改传统的设计方法，把前翼子板和发动机罩、后翼子板和行李舱盖融为一体，前照灯和散热器栅格也组成一个整体，车舱位于车的中部，就像是船身上凸起的船舱。船型汽车将发动机前置，汽车重心前移，风压中心位于汽车重心之后，由此避免了流线型车身对横向风不稳定的问题。

福特 V8 型车的成功，不仅在外形上有所突破，还首先把人体工程学应用在汽车设计上，强调以人为主体来设计便于操纵、乘坐舒服的汽车。

五、鱼型

第五代车型——鱼型汽车，以 1952 年美国的别克车为代表，如图 1-7-9 所示。

图 1-7-9 美国的别克车

船型汽车尾部过分向后伸出，形成阶梯状，在高速行驶时会产生较强的空气涡流。为了克服这一缺陷，人们把船型车的后窗玻璃逐渐倾斜，倾斜的极限即成为斜背式。这类车被称为“鱼型汽车”。

鱼型汽车采用头部过渡的上斜式车型，尾部采用平顺的斜切线式，有利于排气，能防止由气流造成的涡流现象，从而减少空气阻力。

与甲壳虫型汽车相比，鱼型汽车的背部和地面所成的角度较小，尾部较长，围绕车身的气流较为平顺，涡流阻力较小。另外，鱼型汽车基本保留了船型汽车的长处，车室宽大，视野开阔，舒适性也好，并增大了行李舱的容积。

六、楔型

第六代车型——楔型汽车，以 1963 年美国的斯蒂贝克 · 阿本提汽车为代表，如图 1-7-10 所示。

图 1-7-10 美国的斯蒂贝克 · 阿本提汽车

楔型汽车的造型特点是发动机上盖板形成梯形，侧围和后围采用挺拔的直线或流畅的曲线，就是将车身整体向前下方倾斜，车身后部像刀切一样平直。这种车型的动力性好，且具有较高的稳定性，能有效地克服升力，使汽车的空气动力性和稳定性达到了完美的程度。至此，汽车车身发展得已经相当完善了。

阿本提诞生于船型汽车的盛行时代，与通常的外形形成尖锐的对立，因此，未能起到引导车身外形向前发展的作用，直到 1966 年才被奥兹莫比尔 · 托罗纳多（又译为“龙卷风”）所继承（见图 1–7–11）。

图 1–7–11　奥兹莫比尔 · 托罗纳多

现在世界各大汽车生产国都已生产出带有楔型效果的汽车，这些汽车的外形清爽利落、简洁大方，极富现代气息。图 1–7–12 所示为兰博基尼 · 雷文顿。

图 1–7–12　兰博基尼 · 雷文顿

第八节　中国汽车发展简史

一、汽车进入中国

中国最早有汽车是在 1901 年，匈牙利人李恩时从香港运入 2 辆美国奥兹莫比尔汽车到上海，如图 1–8–1 所示。

图 1–8–1　奥兹莫比尔汽车

中国人拥有第一辆私人汽车的时间是 1902 年，这辆车是美国杜里埃汽车公司于 1898 年设计制造的（见图 1–8–2），该车后置 3 缸 4.4 ~ 7.4 kW 的汽油水冷四冲程发动机，变速箱为二挡行星齿轮式，通过皮带传到后轴以驱动车辆行驶；前面的两个车轮小，后面的两个车轮大，轮胎是橡胶的，12 根辐条却是木质的；转向盘由两个同轴不同直径的轮子组成，其中小轮上插一个摇把，很像轮船上的舵轮；其车身为木质敞开式，双排座位，简单的顶篷由 6 根铁棍支着；两只金色的车灯是手提式马灯，像螃蟹的两只眼睛，分挂在车头的两边；外形留有 18 世纪马车的痕迹。

图 1–8–2　中国人拥有的第一辆汽车

汽车的推广需要复杂的条件，如生产、维修、燃料供应、司机培训、道路条件等，这些条件在当时的中国还不具备，所以汽车很难流行起来。

直到 1930 年，中国汽车保有量只有 38 484 辆，这些汽车全部是外国产品。

二、中国早期试制的汽车

中国试制的第一辆汽车由原“辽宁迫击炮厂”制造。

1929 年 8 月，该厂在完成了基本准备工作之后，将一辆美国生产的瑞雷载货汽车全车拆卸，进行测绘和逆向研发，并进行了大量的试验，选择重要的易损机件另行设计并重新制造。通过对汽车的拆装、测绘和试验，初步掌握了汽车设计和制造技术。根据城乡运输的需要，确定生产载质量为 2.5 t 的 75 型载货汽车。

经过两年多的努力，1931 年 5 月 21 日，该厂组装出第一辆载货汽车（被命名为民生），1931 年 6 月 1 日试车完全成功，并于 6 月 19 日举办了一次盛大的庆祝会，民生汽车开辟了中国人试制汽车的先河。

如图 1–8–3 所示，民生 75 型载货汽车是中国人自行设计的，但发动机、后轴、电气装置和轮胎等汽车部件当时国内却无法解决，事实上也难以自制，均委托国外专业厂依照民生工厂自行设计的图纸加工。汽车为长头，棕色车身，采用 6 缸水冷 45 kW 排量 3.5 L 汽油发动机，前后轴距 3.3 m，前后四轮均为单胎，最高车速为 65 km/h；自行设计的缓冲式后轴也有自身的特点；水箱分为四部分，即使一部分损坏，汽车仍能照常行驶。该车共有 666 种 1 750 个零部件，其中自制件为 464 种。

图 1–8–3　民生 75 型载货汽车

三、中国汽车工业飞速发展

中国汽车工业的建立是以长春第一汽车制造厂的建成投产为标志的。

1950 年 3 月 27 日，在原重工业部成立了汽车工业筹备组，于 1950 年 8 月 2 日召开了第一次汽车工业会议，开始研究建厂方针和步骤。

1950 年 12 月 2 日，按苏联支援中国工业建设的协议，苏联派来两人专家组到达北京，以帮助建设中国的汽车制造厂。

1951 年 1 月 18 日，原政务院财经委员会会议确定在吉林省四平市与长春市之间，花 6 年时间（设计 2 年，建厂 4 年）建设一座年产吉斯 150 型（ZIS–150）4 t 载货汽车 3 万辆的汽车厂。1953 年 4 月 6 日，苏联送来了汽车厂的第一批建筑施工图纸。

1953 年 7 月 15 日，在长春隆重举行了第一汽车制造厂奠基典礼。经过建设者的艰苦努力，在原来的荒郊野地上真正建成了中国历史上的第一座汽车厂。

1956 年 7 月 13 日，第一汽车制造厂制造出中国第一辆汽车——解放 CA10 型载货汽车（见图 1–8–4）。1956 年 7 月 14 日建厂 3 周年之际，总装线上开下了首批试装的 12 辆解放牌载货汽车（部分重要零件是 SKD 组装方式）；同年 8 月 21 日，10 辆崭新解放牌汽车在雄伟壮观的天安门广场上亮相。1956 年 10 月 15 日，一汽正式投产，结束了中国不能生产汽车的历史，为汽车工业独立发展奠定了基础。

图 1–8–4　解放 CA10 型载货汽车

中国汽车工业发展可以分为以下四个阶段。

1. 中国汽车工业创建阶段（1953—1965 年）

1953 年 7 月 15 日，第一汽车厂开工。1956 年 7 月 13 日，第一辆解放 CA10 型载货汽车驶下总装配生产线，结束了中国不能自己制造汽车的历史。

1965 年年底，全国民用汽车保有量近 29 万辆，其中国产汽车 17 万辆。1965 年，一汽生产汽车 34 155 辆。

到 1965 年年底，汽车工业共投资 11 亿元，形成了“一大四小”5 个汽车制造厂（一汽、上汽、北汽、南汽、济汽），年生产能力近 6 万辆、9 个车型品种。

1958 年 3 月 10 日，跃进牌 NJ130 型 2.5 t 载货汽车，在南京汽车制配厂驶下生产线（见图 1–8–5）。这是继一汽解放 CA10 之后第二种国产载货汽车。1958 年 6 月 10 日，原第一机械工业部批准南京汽车制配厂更名为南京汽车制造厂，成为第二家由中央

图 1–8–5　跃进牌 NJ130 型 2.5 t 载货汽车

直属的汽车生产企业。

1958 年 5 月 12 日，一汽首辆东风轿车试制成功。一汽以“仿造为主，自主设计”的原则试制出东风 CA71 型轿车，结束了中国不能制造轿车的历史（见图 1–8–6）。该车车身仿制法国西姆卡维代迪，发动机和底盘仿制奔驰 190，车身整体造型为自主设计。作为第一次自主设计轿车的尝试，为日后发展积累了经验。

图 1–8–6　东风 CA71 型轿车

1958 年 5 月，重庆长安汽车厂对美制 CJ–5 吉普做了测绘设计，研制出我国第一辆长江牌 46 型越野车，在 1959 年国庆十周年阅兵式上成为振奋国人的一个激动场面。值得一提的是，长江牌 46 型越野车实现了 1 390 辆的生产量，其积累的资料和成功经验为北京汽车制造厂日后的发展打下了重要的基础。

1958 年 6 月，上海汽车装修厂参照吉普 CJ3A 仿制出了另一种国产越野车，经过对外形的局部改进，上海 58 型越野车正式投入生产。该车装备仿制格斯 M20 胜利轿车上的 36 kW 4 缸汽油发动机，可搭载 6 名乘客，载质量为 500 kg。

1958 年 6 月 20 日，北京第一汽车附件厂以大众汽车甲壳虫为蓝本试制小型轿车，如图 1–8–7 所示，第一辆井冈山牌轿车试制成功，附件厂更名北京汽车制造厂。该车装备 1.2 L、4 缸发动机，采用后置后驱布局。

图 1–8–7　井冈山牌轿车诞生

1958 年 9 月 28 日，上海凤凰牌轿车试制成功，其名称取意与一汽东风轿车“北龙南凤”相呼应（见图 1–8–8）。该车装备仿制格斯 M20 胜利轿车上的 4 缸发动机，底盘仿制波兰华沙轿车，车身仿制普利茅斯萨瓦。凤凰牌轿车开启了上海轿车工业的新篇章，为以后生产上海牌轿车奠定了基础。1960年仿制奔驰220S的凤凰轿车定型，1964年更名为上海SH760，1965年12月通过原第一机械工业部技术鉴定。在长达30年的时间里，上海牌SH760系列轿车是唯一的国产公务用车，也是当时中国产量最大的轿车。

图 1-8-8　上海凤凰牌轿车

1960年4月15日，济南汽车制造总厂试制成功第一款重型载货汽车黄河JN150型8 t载货汽车（见图1-8-9）。1963年10月17日通过第一机械工业部鉴定，成为国家定型产品。到1990年黄河JN150停产，30年来黄河JN150型载货汽车共生产了10万辆，为国民经济发展和国防建设做出了重大贡献，也使济南成为中国重型汽车的生产基地之一。

图 1-8-9　黄河JN150型8 t载货汽车

1965年，北京汽车制造厂试制出第一种自主开发、批量生产的BJ212轻型越野车，从此便登上了中国汽车工业史上的一个不可替代的宝座（见图1-8-10）。在汽车族谱中，BJ212在中国成为空前绝后的传奇。

图 1-8-10　BJ212 轻型越野车

2. 中国汽车工业成长阶段（1966—1980 年）

在这个历史阶段，主要是贯彻中央的精神建设“三线”汽车厂，以中型、重型载货汽车和越野汽车为主，同时发展矿用自卸车。在此期间，一汽、南汽、北汽、上汽和济汽 5 个工厂投入技术改造扩大生产能力，并承担包建和支援三线汽车厂的任务；先后建成二汽、川汽和陕汽；地方发展汽车工业，几乎全部仿制国产车型，生产厂点近 200 家。

1966—1980 年生产各类汽车累计 163.9 万辆。1975 年，全国生产汽车 13.52 万辆；1980 年，全国生产汽车 22.2 万辆，全国民用汽车保有量 169 万辆，其中载货汽车 148 万辆。

1966 年 6 月，四川汽车制造厂红岩 CQ260 型重型越野汽车在綦江齿轮厂试制成功。1968 年改型为 CQ261 型，1970 年 6 月，四川汽车制造厂完成 CQ261 型越野汽车样车试制。1971 年 7 月投入批量生产。

1966 年 8 月 16 日，洛阳第一拖拉机制造厂基于贝利埃 GBC 型越野车底盘和太脱拉风冷发动机技术，试制成功东方红 LT665 型重型越野车（见图 1-8-11）。该车于 1967 年 10 月投产，1970 年正式批量生产，并实现了出口。东方红 LT665 型重型越野车不仅是我国第一辆重型军用越野汽车，还是第一辆装备国产风冷柴油发动机的军用车辆。

1967 年 4 月 1 日，第二汽车制造厂破土动工。1969 年 9 月 1 日，第二汽车制造厂全面开工建设。二汽的建设，采用包建和聚宝的办法，集全国之精华，建成后成为当时全国技术水平最高的汽车厂。二汽的建成，开创了中国汽车工业以自己的力量设计产品、确定工艺、制造设备、兴建工厂的纪录。1975 年 6 月 15 日，第一款自主开发、批量生

图 1-8-11　东方红 LT665 型重型越野车

产的越野车东风 EQ240 型投产，1976 年东风 EQ140 型载货汽车定型，1978 年 7 月 15 日，东风 EQ140 型载货汽车投入批量生产（见图 1-8-12）。这两款完全由中国人独立设计的车型意义重大，标志着中国具备了独立开发载货汽车，以及设计和装备汽车厂的能力。

图 1-8-12　东风 EQ140 型载货汽车投入批量生产

1968 年 12 月 30 日，第一辆自主开发的重型越野车样车 SX250 型在北汽试制成功。1974 年 12 月 27 日，陕西汽车制造厂生产的延安牌 SX250 型越野汽车通过定型技术审查，第二年开始投入批量生产（见图 1-8-13）。根据当年三线建设的总体安排，北汽负责援建陕西汽车制造厂，1978 年 3 月 14 日，原第一机械工业部批准陕西汽车制造厂建成验收投产。

图 1-8-13　陕西汽车制造厂生产的延安牌 SX250 型越野汽车

3. 中国汽车工业全面发展阶段（1981—1999 年）

在改革开放方针指引下，中国汽车工业进入全面发展阶段，主要体现为老产品（如解放、跃进和黄河车型）升级换代；调整商用车产品结构，开始改变“重型车、轻型车不足”的生产格局；与此同时中国汽车工业出现合资企业，开始引进资金和技术；行业管理体制和企业经营机制逐步发生变化，汽车品种、质量和生产能力大幅提高。

同时，我国汽车工业由计划经济体制向市场经济体制转变，具有了一定的自主开发能力，开始确定发展轿车并且奠定了基本生产格局和基础。政府通过产业政策（1994 年 3 月 12 日，国务院批准发布了《汽车工业产业政策》）对汽车工业进行宏观管理，通过引进技术、合资经营，使中国汽车工业产品水平有了较大提高。

1983 年 9 月，解放 CA141 型 5 t 载货汽车通过国家产品定型鉴定，成为第一汽车制造厂投入换型技术改造项目的主导产品。1987 年 1 月 1 日，CA141 型 5 t 载货汽车投产；7 月 15 日，换型改造工程竣工并通过国家验收。换型改造成功，实现垂直转产，不仅使新产品在投产之初就达到经济规模，还结束了老解放的 30 年一贯制的历史。到 1986 年 9 月 29 日，最后一辆老解放 CA10 停产，共生产了 1 281 502 辆。

1986 年 4 月，全国人大六届四次会议通过“七五”计划提出：“把汽车制造业作为重要的支柱产业。”

1990 年，我国生产汽车 50 万辆，到 1992 年生产汽车超过 100 万辆，再到 1995 年生产汽车达到 150 万辆，1998 年生产汽车为 167 万辆，进入世界第十位。

中国汽车工业真正高速发展时期，是从 80 年代初北京吉普和上海大众这两家合资公司开始的。

1983 年 5 月 5 日，北京汽车制造厂与美国汽车公司在北京签署合资经营北京吉普汽车有限公司总合同及章程。1984 年 1 月 15 日，北京吉普汽车有限公司开业。这是中国汽车行业的第一家合资企业。1985 年 9 月 26 日，第一辆北京 BJ2021 型切诺基越野车下线，北京吉普汽车有限公司举行中美合资生产切诺基轿车投产仪式。

1984 年 10 月 10 日，中德双方签署上海－大众汽车有限公司合营合同。合同规定固定资产总投资 3.87 亿元人民币，注册资金 1.6 亿元人民币，中德各占 50%。1985 年 3 月 21 日，上海大众成立。上海大众的诞生，开辟了利用外资、引进技术、加快发展的道路。上海大众成立后开展了振兴中国汽车零部件工业的桑塔纳轿车国产化工作，这一跨地区、跨行业的宏大系统工程，带动了一大批配套工业的技术进步，为形成符合国际水准的零部件生产打下扎实的基础，极大推进了中国汽车工业的发展。1983 年 4 月 11 日，一辆手工组装的轿车从上海安亭一处旧厂房里缓缓驶出，宣告中国首辆桑塔纳轿车的诞生。

自上海大众和北京吉普之后，合资汽车如雨后春笋般遍及中华大地，带动了整个中国汽车市场的发展。

1985 年 3 月 15 日，广州汽车厂、中国国际信托投资公司与法国标致汽车公司、巴黎银行、国际金融公司建立合营企业，签署合同。1986 年 9 月，中法合资广州标致汽车有限公司投产，生产法国标致 504 型轿车。

1986 年天津汽车工业公司与日本大发公司合作，以许可证方式引进产品技术，由天津微型汽车厂生产夏利轿车。夏利轿车是最早进入家庭的车型之一，也是出租车市场保有量最大的车型。在长达 20 年的时间里，夏利始终保持经济型轿车销量第一的位置。

1988 年 9 月 27 日，北方工业集团与戴姆勒 – 本茨公司就重型车的技术转让达成一致协议。

1990 年 11 月 20 日，第一汽车制造厂与德国大众汽车公司 15 万辆轿车合资项目在北京签约。1991 年 2 月 8 日，一汽 – 大众汽车有限公司成立。1991 年 8 月 31 日，举行开业典礼。1992 年 7 月 1 日，第一辆捷达轿车下线（见图 1–8–14）。1997 年 8 月 19 日，一汽 – 大众 15 万辆轿车工程项目通过了国家验收，成为我国第一家达到经济规模的轿车生产基地。

图 1–8–14　第一辆捷达轿车下线

1992 年 5 月 18 日，东风与雪铁龙合资组建神龙汽车公司，引进当时雪铁龙最新款的 ZX 型家用轿车神龙富康。这是中国汽车工业史上技术起点最高、引进产品最新、投资强度最大的合资企业。1992 年 8 月 27 日，第一辆神龙富康轿车下线。神龙富康是第一款合资生产的两厢家用轿车。

1993 年 6 月 8 日，长安铃木汽车有限公司成立。1995 年 5 月，长安铃木奥拓微型轿车开始批量生产，达到年产 5 万辆的能力。1996 年，长安铃木开创了分期付款的销售模式，逐步启动私人购车市场。奥拓成为当时最畅销的微型车，也是最早进入家庭的国产轿车，圆了不少中国人的轿车梦。

1997 年 3 月 25 日，上海通用汽车公司与泛亚汽车技术中心有限公司的合同及章程在北京签字，总投资 15 亿美元。6 月 12 日，上海通用举行了成立大会。

1998 年 7 月 1 日，东风汽车公司和日本本田技研工业株式会社各出资 50%，成立广州本田汽车有限公司。

1999 年 3 月 26 日，广州本田第一家 4S 店签约，这也是中国第一家汽车 4S 店。

在这期间，民营企业开始进入汽车行业。1997 年，民营企业家李书福以仿制天津夏利为基础进军轿车产业。1998 年 8 月 8 日，吉利第一款汽车产品豪情两厢轿车在浙江临海下线（见图 1–8–15）。吉利开创了民营企业制造轿车的先河，使中国汽车市场得到更充分的竞争。

图 1–8–15　吉利第一款汽车产品豪情两厢轿车在浙江临海下线

4. 中国汽车工业高速增长阶段（2000 年至今）

到 1992 年，我国汽车年产量为 100 万辆；2000 年，我国汽车年产量超过 200 万辆。

2000 年 10 月 11 日，党的十五届五中全会审议通过《中共中央关于制定国民经济和社会发展第十个五年计划的建议》明确提出：大力发展公共交通，鼓励计算机、轿车进入家庭。这是国家第一次将有关汽车消费、轿车进入家庭列入国家发展规划。

从此，我国的汽车工业尤其是轿车工业技术进步的步伐大大加快，新车型层出不穷；科技创新步伐加快，整车技术特别是环保指标大幅提高，电动汽车开发初现进展；与国外汽车巨头的生产与营销合作步伐明显加快，引进国外企业的资金、技术和管理的力度不断加深；企业组织结构调整稳步前进。中国汽车工业向以大集团为主的规模化、集约化进行转变，形成了新的产业格局。

2001 年 11 月 10 日，中国加入世贸组织，汽车工业全球化的浪潮扑面而来。海外车企在中国汽车市场继续深耕，进一步影响着中国汽车工业的发展。中国车企开始通过收购国外汽车企业，消化吸收国外技术。

2004 年 6 月 1 日《汽车产业发展政策》正式实施，推动汽车私人消费，我国国内市场巨大的消费潜力被挖掘，中国汽车产业发展进入“井喷”时期。

2002 年我国汽车产量达到 325 万辆；2006 年产量达到了 727.97 万辆（销售 721.6 万辆），超过德国而位居世界第三。

2009 年，中国汽车产销分别完成 1 379.10 万辆和 1 364.48 万辆；其中，乘用车生产 1 038.38 万辆，销售 1 033.13 万辆。当年中国以 300 多万辆的优势，首次超越美国和日本，成为世界汽车产销第一大国。

2021 年，中国汽车产销分别完成 2 608.2 万辆和 2 627.5 万辆，产销量继续蝉联全球第一。

近年来，中国汽车工业飞速发展，民族汽车工业崛起，解放、东风、北京、长安、长城、吉利、奇瑞、比亚迪等自主品牌的发展备受世界瞩目，特别是新能源汽车和智能汽车更是处于世界前列。在中国共产党的正确领导下，中国汽车工业从一穷二白到汽车产销量连续名列世界第一，并建立了比较完整的汽车工业体系，汽车工业成为我国国民经济的重要支柱产业，中国汽车工业的发展有目共睹。

技能训练与实践活动

1. 学会利用网络查找与汽车文化相关的内容。
2. 在网上或书店购买与汽车文化相关的书籍，相互交换阅读。
3. 上网观看中央电视台大型纪录片《汽车百年》（第 1 ~ 12 集）。
4. 成立车迷小组，拟订车迷小组活动计划。
5. 讨论：汽车的诞生对人类社会的进步和发展有哪些巨大的影响？

第二章 世界汽车工业概况

世界汽车生产布局，早年从欧洲转移到了北美，现在的重点则在亚洲，先是日本产量居世界第一，接着韩国风云突起，现在则是中国位居世界第一。

全球汽车年产能约为 1.3 亿辆，2017 年产量最高为 9 659 万辆。根据国际汽车制造商协会（OICA）的统计，2020 年全球 49 个国家总计生产汽车 7 762.16 万辆，比 2019 年的 9 217.58 万辆下降了 15.79%。受新型冠状病毒肺炎疫情全球蔓延影响，2020 年全球汽车产销量数据与 2011 年相当。

2021 年，全球汽车产量为 8 014 万辆，同比增加 3%；全球汽车销量增加了 5%，达到 8 210 万辆。中国汽车产量达到 2 608 万辆，同比增加 2%；汽车销量为 2 630 万辆，同比增长 4%。中国汽车产销量连续 13 年位列世界第一。

2021 年世界汽车产量前十名国家分别为：中国 2 608 万辆，美国 916 万辆，日本 785 万辆，印度 440 万辆，韩国 346 万辆，德国 343 万辆，墨西哥 313 万辆，巴西 225 万辆，西班牙 210 万辆，泰国 169 万辆。

2021 年世界汽车销量前十大汽车制造商（按品牌所属关系统计）分别为：丰田集团 1 050 万辆，大众集团 888 万辆，雷诺、日产、三菱联盟 768 万辆，现代集团 667 万辆，通用集团 600 万辆，Stellantis 集团（中文读为“斯特兰蒂斯”，2021 年由原菲亚特－克莱斯勒与标致－雪铁龙合并而成）538 万辆，本田 448 万辆，福特 372 万辆，铃木 276 万辆，宝马集团 252 万辆。

第一节　德国汽车工业

一、概况

德国是现代汽车的发祥地，是生产汽车历史最悠久的国家，现代意义上的汽油机、柴油机、摩托车、汽车，均诞生于德国。

德国近代著名机械工程师、四行程内燃机的推广者尼古拉斯·奥托在仿造法国勒诺瓦赫燃气机的基础上，进行了实验并取得经验。1866 年，他成功地制造出活塞式非压缩大气发动机并于 1867 年获得了德国专利（见图 2–1–1）。奥托设计的发动机是在前人的基础上发明的，最主要的改善是使用液体燃料而不是燃气。

图 2–1–1　奥托活塞式非压缩大气发动机获得了德国专利（1867 年）

奥托于 1876 年又制成了第一台在动力史上有划时代意义的实用的四行程发动机（见图 2–1–2），这是一台单缸卧式、2.95 kW、等容燃烧的煤气机，压缩比约为 2.5，采用活塞曲柄连杆机构，热效率高达 12% ~ 14%，转速为 250 r/min。不久就冠以发明人的名字，被称为奥托机而闻名于世。

1878 年，在巴黎举办的万国博览会上，奥托设计的发动机受到了极高的评价，获得了公认的金奖，这款内燃机几乎垄断了全欧洲内燃机市场。后来，人们一直将四行程循环称为奥托循环。正是根据奥托循环的原理，后来制成了汽油机和柴油机。不过，奥托发动机固定，体积大而笨重，转速缓慢，功率小，还无法直接安置在道路车辆上。

图 2-1-2　奥托等容燃烧四行程煤气机得到了实际应用（1876 年）

当轻便的、便于携带液体燃料的内燃机作为动力源出现时，即戴姆勒和迈巴赫研制出的汽油机之后，交通格局才又一次发生了巨变。

在 1900 年前，奔驰公司是世界上最大的汽车制造商。奔驰对于汽车总体发展产生了强有力的影响，全世界的汽车公司都在复制它的外形和技术，不仅引发了一轮世界汽车工业投资热潮，还促进了汽车工业的发展。

汽车工业的美好前景使德国的汽车厂纷纷出现，一些其他行业的厂家也转向汽车生产。1901 年，德国共有 12 家汽车厂，职工 1 773 人，年产 884 辆；而到 1908 年，汽车厂达到 53 家，职工 12 400 人，年产 5 547 辆。第一次世界大战前夕，德国汽车工业已基本形成一个独立的工业部门，汽车制造工人 5 万多人，年产量达 2 万辆，仅次于美国的汽车产量。

但是到 20 世纪 20 年代末，德国的汽车厂先后陷入了困境。市场萎缩、生产规模过小、成本太高、资金限制，糟糕的政治和经济形势，都使汽车业发展难以为继。德国曾多达 100 多家的独立汽车制造厂在几年之内就消失了一多半，到最后仅剩下 10 多家。

1932 年，德国每 100 人才拥有一辆汽车（美国每 5 人就拥有一辆汽车）；当年德国生产汽车 43 448 辆。1933 年，德国生产汽车 92 226 辆，占世界总产量的 4.3%，仍落后于美国、英国、法国等国。经济危机后，德国汽车工业在钟爱汽车的德国政府的多项措施（如降低汽车税费，生产面向大众的汽车，国家投资制造赛车，改善公路，修建高速公路等）激励下加速发展，使德国迅速成为汽车强国。

第二次世界大战后，德国汽车工业处境相当困难。德国政府通过各项促进经济的措施，使其经济稳步发展。重建工厂和交通设施使得汽车工业得到了发展，大众“甲壳虫”出乎意料的成功，让德国汽车工业重新获得了自信。1949 年，德国载货汽车产量比上年提高了 190%，轿车产量提高了 350%。1952 年，德国汽车年产量为 50.9 万辆，超越了法国（47.5 万辆），成为汽车工业史标志性事件之一。

1960 年，德国的汽车年产量已达 200 万辆，德国从此成为欧洲最大的汽车生产国和出口国。1967 年，德国汽车产量同比下降 18%，不到 300 万辆，被日本超过，排名退居世界第三位，一直保持到 2006 年又被中国超过。2007 年，德国汽车产量最高达 622 万辆，仍居中国之后位列世界第四；当年德国汽车企业全球产量共 1 210 万辆。

德国汽车工业是德国国民经济的重要支柱产业，2018 年汽车产业营收额达到 4 248 亿欧元，汽车及相关产业为德国提供了 530 万个就业岗位（直接就业人数约 84 万人），约占德国就业人数的 13%，并提供了 1/4 的税收收入。德国每年汽车出口额高达 1 200 亿欧元，位居世界第一，并占据了全球 75% 左右的豪华车市场，奔驰、奥迪、宝马、保时捷的销量都很好，大众在中等价位的汽车市场中也占据了较大的份额。德国的汽车工厂分布全球。正是因为德国对于科技的重视，基础工业雄厚且发达，整条汽车产业链都牢牢掌握在手中，所以才促成了高度发达的德国汽车工业。

2021 年，德国生产汽车 343 万辆，列居世界第六位。

二、著名汽车公司

目前，德国成为世界汽车工业界最受瞩目的汽车大国，德国主要有戴姆勒、大众、宝马三大汽车集团。

梅赛德斯 – 奔驰集团，2008 年以前叫作戴姆勒 – 奔驰公司，创立于 1926 年 6 月 29 日，由戴姆勒和本茨两位汽车先驱所开创的公司合并而成。1883 年 10 月 1 日，卡尔·本茨创建了莱茵燃气发动机公司；1899 年 5 月 8 日，本茨的莱茵燃气发动机公司改组为奔驰股份有限公司，成为当时世界上最大的汽车生产厂商（见图 2–1–3）。1890 年 11 月 28 日，哥特利布·戴姆勒在斯图加特附近的坎斯塔特城，组建了戴姆勒机动车有限公司（见图 2–1–4），开始大批量生产发动机，并批量生产戴姆勒汽车（1900 年改名为梅赛德斯）。

梅赛德斯 – 奔驰集团拥有的汽车品牌主要有梅赛德斯 – 奔驰（Mercedes–Benz）、斯马特（Smart）、福莱纳（Freightliner）、西星（Western Star）、扶桑（Fuso）、托马斯（Thomas）、赛特拉（Setra）等。梅赛德斯 – 奔驰集团标志如图 2–1–5 所示。2021 年，梅赛德斯 – 奔驰品牌乘用车销售量同比下降 5%（为 205 万辆），斯马特仅为 3.85 万辆；中国依旧是其最大市场，贡献了 758 863 辆的销量。

大众集团（Volkswagen Group）的历史比较短。1934 年 1 月 17 日，费迪南·波尔舍向政府提交了一份设计新颖的能被广大民众买得起的“大众轿车”建议书。波尔舍的建议被德国政府批准后，迅速投入了设计和试制。1937 年 5 月 28 日，大众汽车有限公司

图 2-1-3　奔驰股份有限公司（1899 年）

图 2-1-4　戴姆勒机动车有限公司（1890 年）

Mercedes-Benz Group

图 2-1-5　梅赛德斯 – 奔驰集团标志

在柏林成立。1938 年 5 月 26 日，大众汽车厂奠基。1938 年 9 月 16 日，大众汽车股份公司正式成立，费迪南・波尔舍出任总经理。1939 年 8 月 15 日，大众汽车厂正式投产，第一批“甲壳虫”汽车问世（见图 2-1-6）。

大众集团生产销售的汽车中，乘用车品牌有大众（Volkswagen）、奥迪（Audi）、宾利（Bentley）、布加迪（Bugatti）、兰博基尼（Lamborghini）、保时捷（Porsche）、西亚特

图 2-1-6　第一批“甲壳虫”汽车问世（1939 年）

（Seat）、斯柯达（Skoda）和捷达（Jetta，仅在中国销售）；商用车品牌有曼（Man）、斯堪尼亚（Scania）、尼奥普兰（Neoplan）和大众商用车等。2016 年，大众集团在全球生产销售汽车 1 031 万辆，超过丰田公司（销售 1 017.5 万辆），首次位居世界第一；2017 年、2018 年和 2019 年保持这一头衔。2021 年，大众集团全球一共交付了 888.2 万辆汽车，比 2020 年的 930.5 万辆锐减了 42.3 万辆，降幅达到 4.5%。其中，乘用车的销量，大众约为 489 万辆，奥迪约为 168 万辆，斯柯达约为 87.82 万辆，西亚特约为 47.05 万辆，保时捷超过 30.19 万辆，捷达约为 16.91 万辆，宾利约为 1.47 万辆，兰博基尼以创纪录的成绩达到 0.84 万辆。2021 年，大众汽车在中国销量为 330.48 万辆，同比下降 14.1%。大众集团标志如图 2-1-7 所示。

VOLKSWAGEN

图 2-1-7　大众集团标志

宝马集团（BMW Group）通常被称为宝马汽车公司，其前身是一家飞机发动机公司。1913 年，古斯坦 · 奥托、卡尔 · 瑞浦和马克斯 · 弗里兹在慕尼黑北郊一个机场附近成立了瑞浦发动机公司，专门从事飞机发动机的制造。由于公司扩大，1916 年 3 月 7 日（后来确定为宝马公司的创始时间）改名为巴伐利亚飞机公司。1917 年 7 月 21 日，巴伐利亚飞机公司重新登记注册为巴伐利亚发动机有限公司，宝马正式诞生。1929 年 3 月 22 日，宝马对奥斯汀 7 型轿车进行改装，重新设计了车身，第一辆带有宝马车标的汽车迪克西（见图 2-1-8）诞生。

图 2-1-8 第一辆带有宝马车标的汽车迪克西（1929 年）

宝马集团主要生产宝马（BMW）、劳斯莱斯（Rolls-Royce）和迷你（MINI）三个品牌的汽车。2021 年，宝马集团生产销售汽车 252 万辆，与上一年相比实现了 8.4% 的增长。其中，宝马品牌汽车创下超过 221.4 万辆的销售纪录（其中，中国销量为 84.6 万辆），迷你销量为 30.2 万辆；劳斯莱斯销量增加 49%，达到 0.56 万辆。

三、特点

德国汽车工业的特点：追求技术领先，生产和装配质量优良化，重视汽车的试验和研究；汽车总成和零部件生产高度专业化、集团化，独立零部件供应商，产业链完备；相互竞争、相互促进，国际化能力突出；汽车质量和信誉高。

德国汽车的特点：技术先进，追求高速、运动、稳重；造型严谨，线条挺拔有力，朴实无华；工艺精细，内在表现优良，可靠性、操控性、安全性好，维护方便，耐用保值；价格偏高，维修费用高。

第二节 法国汽车工业

一、概况

在汽车发展史上，法国人有着独特的地位，法国的汽车工业历史也较为悠久。

早在 1769 年，尼古拉斯·古诺就在政府的支持下，试制成功了世界上第一辆具有实用价值的蒸汽汽车，从而引发了世界性的研究和制造汽车的热潮。

1801 年，法国化学家菲利普・勒本，提出了煤气发动机燃烧理论，他采用煤干馏得到的煤气和氢气，与空气混合后点燃产生膨胀力推动活塞，勒本被视为煤气机的发明人。

1860 年 1 月 24 日，法国技师埃特尼・勒诺瓦赫为他 1859 年制成的以照明煤气为燃料的二行程发动机取得了专利。1862 年 5 月，勒诺瓦赫在巴黎的拉罗凯特的工厂给一辆大型载客马车安装了自己设计的 1.1 kW 二行程发动机，制造出世界上第一辆具有行驶价值的燃气内燃机汽车。

1883 年，法国纺织机械师爱德法特・戴勒玛・戴玻梯维尔制造了一辆在马车上装置一台双缸、4.4 L、5.88 kW 汽油机的四轮汽车，1884 年 2 月 12 日，这台发动机的点火系统、燃料供给系统获得了发明专利权。

1890 年，标致（Peugeot）公司仿制戴姆勒和迈巴赫设计的钢轮车生产出第一辆汽油机汽车（见图 2-2-1）。与此同时，法国的路易・潘哈德和埃米尔・勒伐索在法国建立了最早的一家汽车制造厂，被称为潘哈德－勒伐索机械公司。他们把戴姆勒的 V2 双缸汽油机引进到法国，于 1890 年批量生产出前置发动机、后轮驱动的汽车，奠定了现代汽车传动系统布置的基础，对汽车发展作出了划时代的贡献，成为法国汽车工业的一代先驱，使汽车的制造进入工业化生产阶段。

图 2-2-1　标致生产的第一辆汽油机汽车标致 2 型（1890 年）

随着钢轮车的引入，法国开始了四轮汽车的造车热，也掀起了欧洲第一轮造车热潮，其影响涉及北美。法国人对汽车没有成见，从而使汽车的发展有了广阔的前景，法国于 1891 年起占据了汽车制造所有领域的领先地位，领导着世界汽车潮流，因而德国奔驰公司和戴姆勒公司把大部分汽车生产转移到了法国。法国汽车业由此一跃超前了德国数年。因此可以说，真正使汽车进入工业化生产的不是德国，而是法国。

到了 1899 年，法国已经有 75 家汽油机汽车工厂，还建立了汽车工业的第一座科研中心——戴狄安－波顿冶金实验室。

1903 年，世界上进行了第一次汽车生产统计，法国生产汽车 30 204 辆，约占世界总产量 61 927 辆的一半。1906 年以前，法国的汽车产量居世界第一位，但是后来却被其他国家超越。

2021 年，法国汽车产量居世界第 12 位，为 135.13 万辆，同比增长 3%。

二、著名汽车公司

目前，法国汽车生产公司主要有 PSA 集团和雷诺集团两家。值得一提的是，原法国著名汽车品牌公司布加迪已经成为德国大众的子公司。

1974 年 6 月 24 日，标致汽车公司购得经营不善的雪铁龙汽车公司 38.2% 的股权；到 1976 年 4 月 9 日，标致取得雪铁龙 89.95% 的股份。经过重组后，标致－雪铁龙控股公司成立，一跃成为当时法国最大的汽车厂商。1979 年，标致公司－雪铁龙公司和塔尔伯特公司共同组成 PSA 标致－雪铁龙汽车集团。2016 年 4 月 6 日，PSA 标致－雪铁龙集团更名为 PSA 集团。PSA 集团标志如图 2-2-2 所示。PSA 集团是仅次于德国大众汽车的欧洲第二大汽车制造商。2021 年，PSA 集团与菲亚特－克莱斯勒集团合并组成 Stellantis 集团（见图 2-2-3）。PSA 旗下目前主要生产标致（Peugeot）、雪铁龙（Citroen）、讴艾仕（DS）、欧宝（Opel）、沃克斯豪尔（Vauxhall）等品牌的汽车。

图 2-2-2　PSA 集团标志

图 2-2-3　Stellantis 集团标志

标致汽车公司的创始人是阿尔芒·标致。第一辆以“标致”命名的蒸汽动力汽车在 1889 年庆祝法国大革命 100 周年的巴黎万国博览会上展出。1890 年，标致公司仿制戴姆勒和迈巴赫设计的钢轮车开始生产汽油机汽车。1896 年 4 月 2 日，标致汽车公司成立。2021 年，标致汽车全世界销售量达 190.6 万辆；东风标致在中国的销量为 51 056 辆，同比增长 74%。

雪铁龙汽车公司的创始人是安德烈·雪铁龙。1919 年，安德烈·雪铁龙第一个在法国采用了流水作业的汽车生产线，并生产出该公司第一辆批量生产方式的汽车——雪铁龙 Type A 型车（见图 2-2-4）。多年来，雪铁龙公司执着于十分前卫的设计理念及实用的造车技术，使雪铁龙旗下的各车系，如同领先世界风尚的巴黎时装，赏心悦目，成为最能凝聚法国特色的代表性车厂。2021 年，雪铁龙汽车全球销售量达 796 868 辆，同比增长了 7%；中国是其第四大市场，销量为 41 391 辆。

图 2-2-4　雪铁龙 Type A 型车（1919 年）

雷诺集团的创始人是路易斯·雷诺。1899 年 2 月 25 日，雷诺成立了只有 6 个工人的雷诺兄弟汽车公司。到 1939 年，雷诺公司成为当时法国最大的工业企业之一。1945 年 1 月 16 日，雷诺股份有限公司国有化。1982 年，雷诺成为欧洲第一、世界第六的汽车公司，在法国国内的汽车产量超过 150 万辆，占法国汽车总产量的 50% 以上。1994 年，法国政府决定将雷诺公司的部分股权向公众开放，长达半个世纪的“国家之子”的历史从此结束了，公司更名为雷诺公众公司。

雷诺集团主要生产销售雷诺（Renault）、达契亚（Dacia）、三星（Samsung）、拉达（Lada）和阿尔派（Alpine）等品牌的汽车。雷诺集团标志如图 2-2-5 所示。2021 年，雷诺集团汽车销售量为 269.64 万辆，同比下降 4.5%。其中，雷诺品牌销量为 169 万辆，同比下降 5.3%；达契亚销量为 53.7 万辆，拉达销量为 38.52 万辆（其中约 35.07 万辆在俄罗斯本土市场），而三星汽车销量仅为 5.75 万辆（同比下降 36.3%）、金杯汽车销量为 1.6 万辆（同比下降 41.7%）、阿尔派销量增长 74% 至 2 659 辆。

GROUPE RENAULT

图 2-2-5　雷诺集团标志

1909 年，埃多尔·布加迪在法国阿尔萨斯省的莫尔塞姆租下一家停产的印染厂，建立起自己的埃多尔·布加迪汽车公司（Automobiles Ettore Bugatti），专门生产赛车和高级轿车。1901 年，在格利里伯爵的资助下，布加迪制造出他设计的第一辆三轮汽车，取名“格利里”（见图 2-2-6），其动力系统配备的是戴狄安发动机，功率为 9 kW，并在米兰国际博览会中获奖。

1910 年，第一辆布加迪 10 型在巴黎汽车展上获得了极大的成功，从而奠定了布加迪汽车的风格，即一流的技术、精湛的加工工艺，突出外形设计上的艺术美感。布加迪特有的拱门形（也称马蹄形）散热器护栅，为它开启了通往名车世界的大门。

图 2-2-6　布加迪第一辆三轮汽车“格利里”

1998 年，德国大众公司买下了布加迪的品牌所有权。布加迪超级跑车代表着优雅、现代、永恒和绝美，传承着“性能当先”的品牌精神，以肌肉感和简洁流线勾勒出整体外观，优雅和复古的形象，外形充满张力，车身整体线条流畅，潮流与科技相结合，这让个性风格、技术卓越的超级跑车得以呈现在世人眼前。2021 年，共有 150 位客户订购了布加迪超级跑车，包括 40 辆售价为 475 万美元的布加迪博利德在发布两个月后被订购一空，凯龙车型已在 2021 年完全售罄（售价为 390 万 ~ 900 万美元）；所有限量版的售价 580 万美元的迪沃均已交付，售价 1 870 万美元独一辆的“黑色之车”定制车已交付；2022 年，布加迪预计将交付 80 辆汽车。

三、特点

法国汽车工业的特点：高度集中，汽车生产及发展依赖外国市场，在其本土以外地区直接投资设立的工厂较多；法国汽车是家庭轿车的热门，但在豪华车领域却有所缺失。

法国汽车的特点：设计前卫，造型优雅，线条简练，精巧灵活，自由流畅，不拘一格，充满想象力和创造力；热情浪漫，充满活力，车体较小，操控性好，实用性强；突出人性化，满足驾乘人员舒适性的要求；成本控制、安全保障和环保等方面表现突出，底盘调校出色；小型车多、两厢车多；不太注重内饰，做工不够精细，故障率偏高，维修不便利，保值率低。

第三节　意大利汽车工业

一、概况

1882 年 8 月 5 日，意大利帕多瓦大学的一名工程学教授恩里科·伯纳德成功制造了一台单缸汽油机，排量为 121.6 mL。该发动机用于驱动他大女儿皮亚的缝纫机，并于 1884 年安装到他 5 岁儿子劳罗的木制三轮车上，这辆车被认为是意大利的第一辆内燃机汽车（见图 2-3-1）。据说，这辆三轮车曾在佛罗伦萨的大街上试车成功。直到 1894 年，位于帕多瓦的一家名为米阿里 - 朱斯蒂的公司才开始生产伯纳德研制的发动机和汽车，到 1896 年才生产出汽车（见图 2-3-2）。

意大利的汽车工业发展较早，至 19 世纪末 20 世纪初，意大利已有 40 家工厂生产汽车，但那时的汽车生产还处于手工阶段。第一次世界大战爆发直接刺激了意大利汽车工业发展，许多汽车制造厂家如雨后春笋般成长起来。

在意大利汽车工业的早期，所有的汽车销售都无一例外地和赛车联系在一起。一辆汽车在赛道上赢得的声誉将决定它能多快驶出陈列室的展台，而每一个获得胜利的赛车手则被视为国家英雄。正是意大利对赛车运动的痴迷，世界上最早的赛车道之一就是意大利人设计的著名的蒙扎赛道（于 1922 年 9 月 3 日启用，是世界第三条赛车道；世界第一条专为比赛修建的赛道于 1907 年 6 月 17 日在英国萨里的布鲁克兰建成；第二条是 1909 年 8 月 19 日开赛的美国印第安纳波利斯赛道），它记录着意大利汽车制造业的光荣与梦想。

也许从意大利人喜欢赛车运动的天性中能够发现，为什么法拉利赛车、兰博基尼跑车会诞生在意大利，为什么许多赛车手的故乡是意大利，世界顶级跑车为何大多与意大利有缘。

图 2-3-1 恩里科·伯纳德制造的三轮汽车复制模型（1884 年）

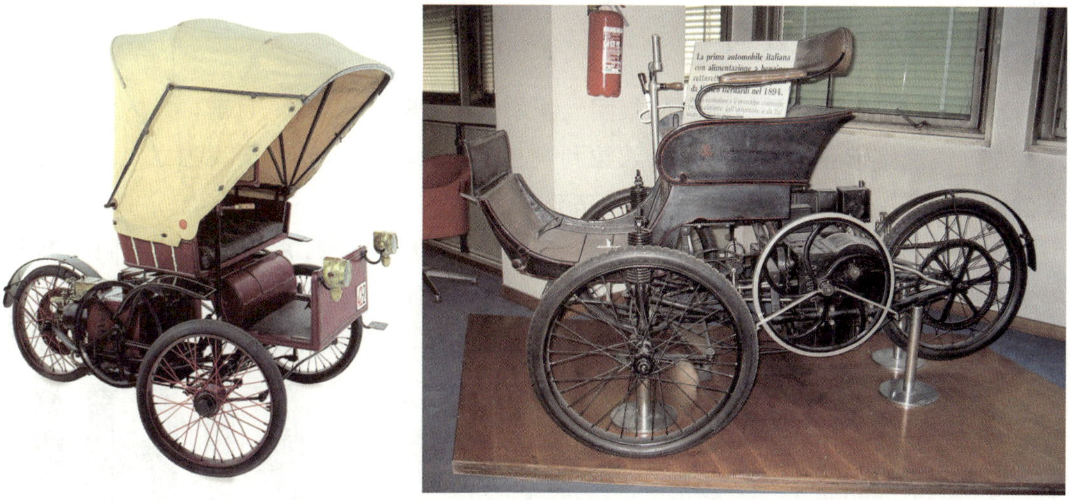

图 2-3-2 米阿里－朱斯蒂根据伯纳德的设计而生产的三轮汽车（1896 年）

第二次世界大战，意大利饱尝了战争之苦，几乎是在一片废墟上重建家园。战后，意大利的设计师开始显示出他们与众不同的才华，他们的创造性极大地丰富了现代设计的内容。与其他国家相比，意大利设计既没有很强的商业风气，又没有极重的传统味道，他们的设计是传统工艺与现代工艺、现代思维与个人才能、自然材料与新材料等的综合体。他们更倾向于把现代设计作为一种艺术和文化来操作，“艺术地生产”成为意大利设计师的新口号。于是，小批量和高品位成了意大利设计的优势，这体现在别具一格的汽车设计上。

欧洲是世界汽车造型发展的中心，意大利则是汽车造型设计的圣地，这里荟萃了世界上大部分专业设计室，如乔治亚罗意大利设计、宾尼法利纳、博通、米兰交通工具设计中心等。

意大利各家车厂的车身造型设计能力并不高。也许是近水楼台先得月的原因，意大利车厂对各设计室的依赖性很强，基本上新车车型的前期工作（有时甚至是整个开发过程）都交给专业设计室来完成。

1960 年，意大利恢复了在欧洲排名第三或第四、世界排名第五或第六的汽车工业地位。1980 年，意大利汽车工业再次成为欧洲第三和世界第五，年产量 200 万辆左右（1989 年最高产量为 222 万辆）。从 2009 年开始，意大利汽车产量少于 100 万辆；2021 年，意大利汽车产量位列世界第 20 位，只有 79.6 万辆，仅为 1989 年最高汽车产量的 1/3。

意大利国内市场年均销量为 220 万辆左右，但近年来销量逐年下降。2021 年销量仅为 146 万辆，位居世界第 12 位；外国产乘用车占有压倒性的市场份额，保持在 70% 以上的水平，品牌分布为德国 25%、法国 22%、日本 10%、美国 8%、韩国 5%。

二、著名汽车公司

意大利汽车生产几乎被菲亚特集团一家所垄断（85% 以上）。目前，意大利的主要汽车生产厂家是菲亚特汽车公司，法拉利汽车于 2016 年从菲亚特公司独立出来成为公众公司，兰博基尼现在属于德国大众的子公司。

菲亚特是意大利汽车工业的缩影。1899 年 7 月 11 日，33 岁的乔瓦尼·阿涅利看好刚刚兴起的汽车工业，与皮埃蒙特贵族合资买下成立不久（1898 年 10 月）、规模不大的塞拉诺汽车公司及其设计的原型车，以 8 万里拉的资本在意大利北部工业城市都灵建起一家汽车厂。一个由 50 名工人组成的意大利都灵汽车制造厂诞生了。

人们不会忘记，20 世纪初，菲亚特品牌曾是世界一流品牌，位居微型车霸主地位。后来，菲亚特几乎买光了意大利所有的汽车公司，买下了至今都引以为傲的百年不衰的赛车品牌，如法拉利兰西亚、阿尔法－罗密欧、玛莎拉蒂等。

FIAT
SOCIETÀ PER AZIONI

图 2-3-3　菲亚特汽车公司标志

2014 年 1 月 29 日，菲亚特汽车公司（标志见图 2-3-3）董事会通过一项公司重组决议，将克莱斯勒集团与菲亚特合并，组建菲亚特 – 克莱斯勒汽车集团（标志见图 2–3–4）。2021 年 1 月 16 日，菲亚特 – 克莱斯勒与标致 – 雪铁龙合并正式组建 Stellantis 集团。

FCA

FIAT CHRYSLER AUTOMOBILES

图 2–3–4　菲亚特 – 克莱斯勒集团标志

菲亚特集团现在主要生产菲亚特（Fiat）、阿尔法 – 罗密欧（Alfa Romeo）、玛莎拉蒂（Maserati）、兰西亚（Lancia）、阿巴斯（Abarth）等品牌的汽车，并控股法拉利（Ferrari）公司，它还持有美国克莱斯勒公司全部股份。

菲亚特品牌的轿车生产至今仍以小型或微型车为主，它们经济实惠，安全可靠。

阿尔法 – 罗密欧是现代运动轿车的标志。1910 年 6 月 24 日，一些米兰商人买下了米兰附近日益衰落的法国达拉克汽车公司的装配厂，开始生产普通轿车和赛车（见图 2–3–5）。新公司的名字叫伦巴第汽车工厂，是工厂所在大区的名称，其意大利名字的首字母缩写就是 ALFA（音译为阿尔法）。1915 年，战争将阿尔法推入了实业家尼古拉 · 罗密欧手中。1918 年，公司改名为阿尔法 – 罗密欧汽车公司，转为生产高档跑车和赛车，1986 年 11 月其被菲亚特公司收购。阿尔法 – 罗密欧汽车在欧洲久负盛名，以其纯正的运动乐趣享有很高的声誉。2021 年，阿尔法 – 罗密欧全球销量为 18 252 辆，其中中国销量为 1 409 辆。

图 2–3–5　阿尔法的第一辆赛车 24HP

玛莎拉蒂展现着意大利跑车的精华。1914 年 12 月 1 日，玛莎拉蒂几兄弟成立了艾法利玛莎拉蒂公司。到了 1926 年，玛莎拉蒂几兄弟开始独立生产赛车，并以自己的名字进行命名。艾法利·玛莎拉蒂在兄弟的协助下，完成了第一辆自己设计、制造、组装的玛莎拉蒂 1 号车——Maserati Tipo 26（见图 2-3-6）。1990 年，玛莎拉蒂将 49% 的股权转让给菲亚特汽车公司；1993 年菲亚特集团收购玛莎拉蒂公司，作为生产高档轿车、跑车的基地。2021 年，玛莎拉蒂汽车销量为 24 269 辆，同比增长 0.73%，其中中国销售量为 7 747 辆，较 2020 年增加 58%。

图 2-3-6　玛莎拉蒂 1 号车——Maserati Tipo 26（1926 年）

兰西亚代表着意大利汽车制造业的风格。1906 年 11 月 27 日，25 岁的文瑟佐·兰西亚离开菲亚特公司，在都灵开设了自己的汽车工厂，命名为兰西亚公司，成为菲亚特公司强有力的竞争对手。1908 年，他生产出第一辆兰西亚汽车 Tipo 51（见图 2-3-7）。1969 年 11 月，菲亚特公司收购兰西亚公司，把它作为菲亚特的高档轿车、跑车的专业生产厂。

阿巴斯展现着菲亚特运动型轿车的激情。阿巴斯的创始人是卡尔·阿巴斯，1949 年 4 月 15 日，他在意大利都灵成立了自己的阿巴斯公司，开始生产汽车配件，后来进行量产运动车型汽车的改装。1971 年 7 月 31 日，菲亚特收购了阿巴斯汽车公司。

图 2-3-7　第一辆兰西亚汽车 Tipo 51（1908 年）

法拉利是汽车生命力的表现。1943 年，恩佐·法拉利在偏远的马拉尼罗购置了厂房，成立了法拉利公司，他的第一辆赛车 Tipo 125 于 1947 年初完成（见图 2-3-8）。

1969 年 7 月 1 日，菲亚特公司购得法拉利公司 50% 的股份，法拉利成为菲亚特的子公司。2016 年 1 月 3 日，法拉利被从菲亚特－克莱斯勒集团中剥离出来，成为独立公司，法拉利由此获得了更大的自主权。法拉利是世界上著名的跑车生产厂家，在世界一级方程式锦标赛（F1）的赛场上取得了很好的成绩，它的一切成就在于把 F1 赛车的尖端科技和设计师的天才灵感完美地结合在一起，不仅车速快，还有自己的独立风格，凭借出众的性能、出色的外观设计，法拉利几乎成了超级跑车的代名词。2021 年，法拉利汽车销量为 11 155 辆，同比增长了 22%，其中中国共销售 836 辆，同比增长 97%。

图 2-3-8　第一辆法拉利赛车 Tipo 125（1947 年）

兰博基尼恰如意大利式的热情奔放，挑战极限，高傲不凡，豪放不羁。弗鲁西欧・兰博基尼涉足汽车源于他对法拉利汽车的不满。1963 年，兰博基尼汽车公司在圣・亚哥大建立，当年生产出了第一辆跑车 350 GT（见图 2-3-9）。1987 年 4 月 23 日，兰博基尼公司被

图 2-3-9　第一辆兰博基尼跑车 350 GT（1963 年）

美国克莱斯莱勒公司以 6 500 万美元买下，成为当时车坛的热点新闻。1994 年 1 月 21 日，兰博基尼被转卖给印尼的梅佳泰克财团。1998 年 6 月 12 日，德国大众公司买下了兰博基尼公司。2021 年，兰博基尼销售汽车 8 405 辆，同比增长 13%，其中中国以 935 辆的交付量跃居全球第二，同比涨幅高达 55%。

三、特点

意大利汽车工业的特点：菲亚特一家独大，汽车产量不断萎缩；汽车两极分化，跑车超强，轿车走弱；著名跑车品牌多、影响力大；汽车设计能力强。

意大利汽车的特点：轿车典雅精巧，造型紧凑，线条简练，充满活力，显现出热情、机敏、灵活的风格；跑车引导潮流，外形超前，极富动感，艺术色彩浓厚，高度流线型，动力强劲，具有良好的舒适性，价格昂贵；轿车制造技术处于倒退状态，可靠性变差，其特色逐渐丧失。

第四节　英国汽车工业

一、概况

最早的动力机械蒸汽机是英国人发明的，英国人最早生产出了蒸汽机载客汽车。

早期的蒸汽汽车既没有多少经济意义，又没有多少社会意义，至少在英国是这样的。英国贵族们开始对汽车并不感兴趣，都在高雅地喂马和装饰着马车；生活在下层的市民们不但买不起汽车，甚至坐不起汽车，当时乘坐蒸汽机公共汽车的费用大概是乘坐马车的 10 倍。显然，汽车并没有得到人们的支持。

在此“四面楚歌”的境况下，英国蒸汽汽车事业从 19 世纪中叶以后日趋衰落了。“红旗条例”对于英国相关工业带来了毁灭性的打击，阻碍了蒸汽机的发展，阻碍了汽油机的传播，也阻碍了人们的创造力，把英国由世界级工厂变成了二流铁匠铺，英国的蒸汽汽车和其他机动车的研发从此销声匿迹，在汽车发展史上结束了英国的先行时代。

尽管英国现代汽车工业没有进入先行时代行列，但起步也不算太迟。1892 年，德国移民后裔弗雷德里克・布雷默制造了英国第一辆以内燃机为动力的汽车，并用自己的姓氏布雷默作为该车的名字（见图 2-4-1）。

早期英国汽车主要依赖于德国和法国的发展。1910 年，英国汽车产量为 1.4 万辆，有 200 家英国汽车制造商。第一次世界大战后，英国汽车工业迎来快速发展的黄金时期，汽车产量在 1932 年超过法国，位居世界第二。

图 2-4-1　弗雷德里克·布雷默制造的英国第一辆内燃机汽车（1892 年）

1922 年，英国有 183 家汽车公司，到 1929 年，在经历了经济衰退之后，剩下 58 家公司。到 1930 年代末，如果不算福特和沃克斯豪尔，英国汽车工业基本上是四强并立，垄断程度达到 60% 左右。到第二次世界大战前，原来的 24 家企业减少到 12 家。

1952 年，位于第二、第三的莫里斯和奥斯汀联合，包括奥斯汀、莫里斯、MG、莱利和沃尔斯利等，组成英国汽车公司。

1955 年，英国汽车产量高达 124 万辆，成为欧洲首个汽车产量破百万的国家，汽车工业的规模仅次于美国。到 1956 年，德国汽车产量超过了英国；在 1963 年，英国汽车创下了空前绝后的产量纪录 233 万辆。

1968 年 1 月 17 日，在政府的有力推动下，英国汽车工业进行了历史上规模最大的改组，英国汽车公司与捷豹（Jaguar）、利兰（Leyland）携手，后两家又带来了罗孚（Rover）、路虎（Land Rover）、迷你（Mini）、阿尔维斯（Alvis）、凯旋（Triumph）、阿尔比恩（Albion）等品牌，成立了英国利兰公司，除劳斯莱斯公司外，实现了民族汽车工业的大统一局面，成为英国汽车最后的辉煌。但是从那以后，英国汽车工业又在走下坡路，英国汽车产量“不进则退”，逐渐退出了世界前 10 名。

1978 年，英国利兰公司更名为英国利兰；1986 年，英国利兰更名为罗孚集团；2000 年，罗孚集团经过多次重组和子公司剥离，组建新的 MG 罗孚集团，到 2005 年破产。

在世界汽车 100 多年的历史长河中，英国汽车始终坚守自己的传统风格，追求高贵、典雅的造型，讲究皇家乘坐的舒适度，对出色的动力性能与操控感有执着的偏好，曾产生一批较为优秀的车型和品牌。

英国是世界汽车运动的发源地，拥有世界最大的赛车产业集群。英国生产的赛车占全球赛车市场的 80%；世界一级方程式锦标赛（F1）和印第赛车中的大部分车辆是由英国专门设计、开发和制造的。英国汽车产业对汽车性能的不断创新和极致追求吸引了大批 F1 车队的目光。全球 75% 的赛车研发总部位于英国。

汽车产业仍是英国制造业的支柱产业之一。汽车产业直接相关（制造、供应、零售和维修）就业人数近 100 万人，其中从事汽车制造的人员约 17 万人，年营业额约 800 亿英镑，汽车产业营业额占英国运输制造业营业总额的 67%；汽车年产能力超过 200 万辆，汽车发动机生产能力超过 300 万台，其中出口比重为 75%，出口额占英国全部出口额的 11%。

2021 年，英国汽车产量位居世界第 18 位，生产汽车 93 万辆，同比减少了 6%，汽车产量跌至 1955 年以来最低水平。

二、著名汽车公司

劳斯莱斯公司的创始人是亨利・莱斯和查尔斯・劳斯。1902 年，莱斯在曼彻斯特市库科大街生产电动机的工厂里开始生产汽车。不久，莱斯便生产了 3 辆 7.4 kW 的双缸发动机汽车，车身是利用当地一家马车制造商生产的四座位车身。第一辆汽车进行道路试验的日期是 1904 年 4 月 1 日（见图 2-4-2）。1906 年 3 月 16 日，劳斯莱斯汽车公司成立。1998 年 7 月 28 日，大众公司以 7.93 亿美元购得劳斯莱斯汽车工厂，生产宾利轿车；宝马公司以 6 600 万美元买下了劳斯莱斯的品牌，另行建厂生产劳斯莱斯轿车。2021 年，劳斯莱斯汽车销量增加 49%，达到 5 586 辆，全年销量取得品牌 117 年历史中的最佳业绩表现。

图 2-4-2　劳斯莱斯生产的第一辆汽车（1904 年）

沃尔特・欧文・宾利和他弟弟霍里斯・米尔纳・宾利，于 1912 年在伦敦成立了宾利－米尔纳公司，1919 年改为宾利汽车有限公司。1921 年第一辆量产跑车宾利 3L 车型问世，其整体性能颇受好评（见图 2-4-3）。1933 年劳斯莱斯公司将其买下，使其成为一个专门生产高级跑车的分部。1998 年，宾利品牌落入了德国大众手中。2021 年，宾利汽车销售量为 14 659 辆，同比增加 31%，其中中国销量为 4 033 辆。

图 2-4-3　第一辆量产跑车宾利 3L（1921 年）

阿斯顿·马丁的创始人是莱昂内尔·马丁和罗伯特·班福德。1913 年，两人合作开始制造高档赛车，公司当时的名称是马丁 – 班福德公司。1914 年，他们生产出自己的第一辆汽车（见图 2-4-4）。第一次世界大战后，班福德退出公司，马丁买下他的股权，于 1920 年将马丁 – 班福德公司改名为阿斯顿·马丁公司。1987 年，美国福特汽车公司以 1 450 万美元买下阿斯顿·马丁公司 75% 的股权，成为福特公司内专门生产超级跑车的子公司。2007 年 3 月 12 日，阿斯顿·马丁再次回到了英国人手中，不过在 2020 年又被卖给了加拿大富商。

图 2-4-4　第一辆马丁 – 班福德汽车（1914 年）

捷豹（Jaguar）公司的创始人是威廉·里昂斯。1922 年，未满 21 岁的威廉·里昂斯遇上了一位摩托车改装师威廉·威斯利，两人一拍即合，于 1922 年 9 月 4 日在英格兰建立燕子摩托车厂，生产三轮摩托车。1927 年，里昂斯开始把自己设计的车身装在普通汽车的底盘上。里昂斯从奥斯汀 7 型中得到灵感，他保留奥斯汀 7 型的底盘，换上自行设计的两座位车身而命名为燕子客厅（见图 2–4–5）。1931 年，工厂开始自行设计汽车。1989 年 12 月 1 日，美国福特公司以 25 亿美元的天价将捷豹公司买下，希望借助它进入高档轿车、跑车市场。2008 年，印度塔塔集团又从福特手中将捷豹揽入怀中。

图 2–4–5　捷豹最早生产的燕子客厅（1927 年）

兰德·路虎的创始人是担任罗孚工程师的莫端斯·威尔克斯，他着手制造以罗孚配件为基础的越野车兰德·路虎。1948 年 4 月，第一辆兰德·路虎越野车（见图 2–4–6）在荷兰的阿姆斯特丹车展上首次亮相便大放异彩，并显示出强大的越野能力。1978 年，兰德·路虎公司成立，从此越野车兰德·路虎同轿车罗孚正式分家。1994 年 3 月，路虎以 8 亿英镑的价格将其转卖给了德国宝马汽车公司，成为宝马公司的子公司，从此宝马名下又多了罗孚轿车、兰德·路虎越野车和迷你（MINI）等品牌。2000 年，福特汽车公司斥资 27 亿美元从宝马手中购买兰德·路虎；2006 年 9 月，福特汽车公司又向宝马支付 600 万英镑买下了罗孚品牌。2008 年 3 月，当印度塔塔集团将捷豹、兰德·路虎揽入怀中的时候，一并从福特取得了罗孚品牌的所有权。

图 2–4–6　第一辆兰德·路虎越野车（1948 年）

捷豹路虎汽车公司是印度塔塔集团于 2008 年从福特公司购买捷豹公司和路虎公司后合并而成立的公司。2012 年 11 月，奇瑞捷豹路虎汽车有限公司成立，由奇瑞汽车股份有限公司和捷豹路虎汽车共同出资组建而成，合资双方股比为 50∶50；2014 年 10 月 21 日开业并正式投产。2021 年，捷豹路虎成为英国最大的汽车制造商，全球共销售汽车 420 856 辆（其中，在英国生产 220 554 辆），捷豹共销售 86 270 辆，同比下降 16%；路虎销售 334 586 辆，同比增长 3.4%。

路特斯汽车公司的创始人是英国的柯林·查普曼。2011 年 6 月 15 日，Lotus 的中文名由“莲花”改为“路特斯”。查普曼在 1947 年完成第一辆奥斯汀 7 型车的改装，并将其命名为 Mark 1 型车（见图 2-4-7）。1952 年 1 月 1 日，莲花机械工程公司正式成立。1955 年，查普曼正式在伦敦成立了莲花汽车公司。1986 年 1 月，通用以 3 400 万美元控制了莲花汽车 58% 的股权。1996 年 10 月 30 日，莲花又归于马来西亚宝腾公司。2017 年，路特斯 51% 的股份被中国吉利汽车收购。2021 年，路特斯汽车销量为 1 710 辆，较上年增长 24%。

图 2-4-7　第一辆由奥斯汀 7 型车改装的 Mark 1 型车

三、特点

英国汽车工业的特点：品牌卓越，历史悠久，名牌汽车厂被外国公司兼并；发动机设计制造水平高，独立的设计工程行业创新能力强；赛车行业处于统治地位。

英国汽车的特点：工艺、品位、价值、典雅完美体现；稳重、内向、尊贵、传统兼具一身；造型优雅脱俗，别具一格，彰显艺术特质，具有古朴典雅、雍容华贵的外形；价格贵，技术保守，可靠性不够，使用成本高。

第五节　美国汽车工业

一、概况

欧洲人早在 19 世纪 80 年代就选择了汽油发动机，而此时的美国还处于汽车的研究阶段。在 19 世纪末至以后一段时间的美国，发动机优劣仍未见分晓。汽车制造者们要研究压缩空气、气罐，甚至弹簧驱动，还要对蒸汽机、电动机和汽油发动机进行实验，各自占领自己想象出来的市场。美国政府法规也对机械驱动的汽车处于抵制阶段；同时，美国还没有欧洲那样的远郊公路等。因此，汽车早期在美国的发展并不顺利。

1891 年 1 月，约翰·兰伯特等人最早使用汽油机在美国俄亥俄州进行了汽车组装试驾，兰伯特驾驶这辆装有单缸、四行程汽油机的三轮车（见图 2-5-1）行驶了 24 m。由于无人购买，兰伯特汽车没有继续制造，他转而去生产固定式发动机。

图 2-5-1　兰伯特最早使用汽油机组装的汽车（1891 年）

美国现代汽车的开山鼻祖是查尔斯·杜里埃和弗兰克·杜里埃兄弟。1892 年 4 月 19 日，杜里埃兄弟花 70 美元买来一辆马车，在其上装上一台 3 kW 的单缸汽油机，它采用链条式传动，手动控制转向，最高时速为 12 km/h，制造成功了美国首辆内燃机汽车（见图 2-5-2）。

1893 年 9 月 21 日，杜里埃兄弟把“美国汽油发动机车 1 号”开到了马萨诸塞州春田市的街上，完成了美国历史上第一次汽车旅行。

后来这辆车被丢弃在仓库中，一直到 1920 年才被找出来。这辆完全以手工方式制造的汽车具有古典的造型，还保留着马车时代的印痕。

1895 年，杜里埃兄弟在春田市（斯普林菲尔德）建立了美国第一家制造汽油发动机的公司（杜里埃汽车公司），开创了美国汽车制造业的历史。

1895 年，全美国只有 80 辆机械动力汽车（40 辆汽油车、30 辆电力车、10 辆蒸汽车）。1895 年 11 月 28 日，芝加哥举行了美国历史上第一场汽车比赛，终于点燃了美国汽车之火（见图 2–5–3）。比赛吸引人们，激励人们从事汽车制造与生产。到 1900 年，美国开始量产汽车，汽车生产厂家与日俱增，并一跃成为汽车头号强国。

图 2–5–2　美国首辆制造成功的杜里埃内燃机汽车（1892 年）

图 2–5–3　在美国历史上第一场汽车比赛中杜里埃汽车获得第一名（1895 年）

第一次世界大战使汽车的发展停顿，各国在经济上都跌落到了谷底。与欧洲把手工加工作为绝对必要工艺的做法不同，美国实施了向工业流水线生产的转变。1900 年，美国开始实行量产汽车。1906 年开始，美国汽车产量超过了欧洲。1913 年，福特汽车制造厂建设了世界上第一条汽车生产流水线（见图 2–5–4）；福特在 20 世纪前 20 年占据

图 2–5–4　福特汽车厂建设了世界上第一条汽车生产流水线（1913 年）

了美国汽车市场 50% 的份额，成为世界上最大的汽车公司。到 1925 年，美国市场达到了饱和，汽车生产过剩，美国汽车开始涌入了欧洲，还在英国、德国等建立组装厂或者成立汽车公司，并买下了不少老牌汽车厂。此外，美国还向德国、英国、法国、意大利等国家出口汽车制造技术和生产权。

美国汽车工业取得成功的关键在于把生产的经济性作为出发点，欧洲同行们则追求尽量完美和外观漂亮，而不是首先满足必要的性能。量产和流水线具有简单的设计特性，以及生产布置的合理化和利润最大化，现在这也是美国汽车工业的显著特点。

可是，当时的欧洲人并没有认识到美国的优势所在，只有少数欧洲人完成了师傅变成徒弟的角色转换，他们之中包括法国的雪铁龙、德国的欧宝、意大利的菲亚特、英国的奥斯汀等。雪铁龙参观完福特汽车的生产流水线后，回国拆卸了一辆进口的福特车进行研究，并仿照福特的生产模式于 1919 年进行批量生产。随后，一些汽车生产流水线相继投产。

美国汽车对世界汽车制造业有着较大的影响。1930 年以前，整个欧洲都跟随着美国的汽车构造标准模式：前置水冷发动机，后轮驱动，金属车架，前轮弹簧轴，左侧转向盘，通用悬挂轴，四轮制动，车厢封闭。实际上，这是德国迈巴赫 1900 年给出的标准构造方式。

美国早在 20 世纪 20 年代就已显露出明显的汽车发展趋势：美国人喜欢大型汽车，而欧洲人由于经济困窘，重点发展小型车和中型车；美国发动机强调大扭矩、大排量，而欧洲汽车发动机却以小型、高转速和省油为特点，致力于发动机性能的改善，不断提高功率和可靠性。

第二次世界大战后，美国经济得以发展，消费者驾驶大型轿车很有驾驭感和力量感，而厂家也能赚更多的钱。20 世纪 50 年代的美国汽车市场被称为“汽车造型史上的黄金时代”，长长的尾鳍是当时美国轿车的重要特征。在那个时代，火箭是高科技的象征，也是速度和自由的象征，用火箭式的尾鳍装饰汽车曾流行一时，这在通用车系中最为突出，而凯迪拉克又是其中的代表（见图 2-5-5 和图 2-5-6）。

20 世纪 50 年代的汽车似乎又回到了 20 年代已固化了的发展模式：欧洲汽车重视经济性，强调技术进步和质量，涌现了无数的小型车；美国车则装备高功率发动机，追求豪华的车身，并把汽车外形风格放在首位。

随着汽车数量的急剧增长，汽车的负面效应日益严重，而汽车工业本身也无解决良策，从而导致了美国政府机构的法律干涉。第一个措施是加利福尼亚州自 1968 年起限制轿车有害气体的排放量；1970 年，美国通过了马斯基提出的“大气净化法”（后来被人们称为“马斯基法”），强行控制减少汽车排出的有害物质，这使美国和世界各国汽车生产商开始大量采用燃油电子喷射装置，这也是汽车历史上第一次由政府立法来强迫汽

图 2-5-5　斯蒂贝克冠军（1950 年）

图 2-5-6　凯迪拉克埃尔多拉多（1959 年）

车结构的改进。第二个措施是美国运输部的汽车安全规定，这促使汽车公司掀起了安全性研发的热潮。第三个措施是限制油耗。

从汽车产量上来讲，早期美国汽车工业发展较慢，1893—1907 年 14 年间共生产汽车 16 万辆；从 1908 年开始，即福特汽车公司 T 型车诞生后，美国汽车产量迅速增长，1929 年产量达 534 万辆，汽车保有量占世界 90% 以上；后来，因经济危机的影响，汽车产量增长率又降了下来，年产量维持在 800 万辆左右；1963 年以后，汽车产量猛增，年产量超过 1 000 万辆。从 1906 年后的几十年间（除 1980—1992 年外），美国汽车年产量一直位居世界第一。

美国曾多年是世界上生产汽车和汽车保有量最多的国家。2021 年，美国汽车产销量均为世界第二，汽车总产量为 916 万辆，销售量达到 1 500 万辆。其中，丰田在美国售出 230 万辆汽车，同比增长 10%，成功取代通用成为美国销量最高的汽车制造商；通用在美国销量下滑了 13%，为 220 万辆；福特销售量为 190.5 万辆，同比下滑 6.8%，排名第三。

二、著名汽车公司

20 世纪初，美国有上百家汽车生产厂。到 20 世纪中叶，全美国主要汽车生产集中到了通用、福特和克莱斯勒 3 家汽车公司；造车新势力、电动车全球销量最多的特斯拉公司后来居上。

通用汽车公司的创始人是极富传奇的威廉·杜兰特。1908 年 9 月 16 日，杜兰特以别克汽车公司为核心，联合多家汽车公司，在密歇根州弗林特组建了早期的通用汽车公司。1916 年 10 月 13 日，杜兰特在特拉华正式登记成立了新的通用汽车公司，其标志如图 2-5-7 所示。1928 年，通用汽车公司终于击败了垄断汽车市场 20 年之久的福特公司，一举夺得美国及世界最大汽车公司的宝座。此后，通用曾经是多年的世界第一大汽车公司。另外，通用还拥有不少控股公司，如澳大利亚霍顿、韩国大宇、美国汽车综合公司、上汽通用、上汽通用五菱等。通用过去有多个分部（品牌），现在仅保留了凯迪拉克（Cadillac）、别克（Buick）、雪佛兰（Chevrolet）和 GMC。中国成为通用汽车在全球最大的单一市场，这也是首家在中国年销售突破 400 万辆（2017 年通用汽车在中国市场销售高达 404 万辆）的汽车公司。近年来，通用汽车生产量不断下降，2021 年，通用汽车产量为 629 万辆，位居世界第五，其中在中国销量为 290 万辆。

图 2-5-7　通用汽车公司标志

福特汽车公司创立于 1903 年 6 月 16 日，由亨利·福特等人注册创办。1903 年 7 月 23 日，福特公司销售出了第一辆福特汽车。1908 年 9 月 27 日，福特汽车公司制造出具有划时代意义的 T 型汽车。T 型汽车第一年的产量达到 10 660 辆，打破了纪录。1913 年 10 月 7 日，福特公司设立了世界上第一条汽车装配生产线。福特 T 型汽车使人类真正进入汽车时代，因此福特被人们誉为“汽车大王”（见图 2-5-8）。目前，福特汽车公司主要生产福特和林肯品牌的汽车。2021 年，福特公司在全球生产汽车 394.2 万辆，位居世界第八，汽车产量同比下滑 6%，创下近四年新低，在中国市场的销量为 64.9 万辆（其中，林肯品牌汽车销量为 9.1 万辆），同比增长 5.1%。

克莱斯勒公司的创始人是瓦尔特·克莱斯勒。1925 年 6 月 6 日，在马克斯威尔 – 查尔斯汽车公司的基础上成立克莱斯勒汽车公司（标志见图 2-5-9 和图 2-5-10）。1928 年，克莱斯勒公司通过交换股票买下了道奇公司和普利茅斯公司。1987 年 8 月 5 日，克莱斯勒公司收购了美国汽车公司（AMC，吉普品牌）。克莱斯勒公司也曾经有过辉煌：1929 年跃升为美国三大汽车公司之一；1933 年又一举超过福特公司，升至全美第二大汽车公

图 2-5-8 福特与第一辆福特汽车和第 1 000 万辆 T 型汽车（1924 年）

图 2-5-9 第一款克莱斯勒 6 型汽车（1924 年）

图 2-5-10 克莱斯勒汽车公司标志

司，并且保持了整整 16 年。1950 年代开始，克莱斯勒公司开始走下坡路，经营状况一直较差，曾沦落至破产状态。1998 年，克莱斯勒公司与德国戴姆勒－奔驰汽车公司合并，新公司冠名为戴姆勒－克莱斯勒股份公司。2007 年 5 月 14 日，戴姆勒、克莱斯勒再度分家。到 2012 年年底，菲亚特持有克莱斯勒 58.5% 的股份。2014 年 1 月 29 日，克莱斯勒与菲亚特合并，组建菲亚特－克莱斯勒汽车公司，现在保留了克莱斯勒、道奇、公羊、吉普四个品牌。

特斯拉汽车公司是世界上第一家批量采用锂离子电池的电动汽车公司。2003 年 7 月 1 日，硅谷工程师、资深车迷、创业家马丁·艾伯哈德与长期的商业伙伴马克·唐伯宁合伙成立特斯拉汽车公司。2004 年 2 月，埃隆·马斯克向特斯拉投资 630 万美元，出任公司董事长。2008 年 2 月，特斯拉开始交付第一辆特斯拉跑车。2021 年，特斯拉公司生产汽车 930 422 辆，销量达 936 172 辆（其中，中国销量为 47.2 万辆），同比增加 87%。

三、特点

美国汽车工业的特点：行业竞争激烈，呈现出“多足鼎立”之势，除了传统的通用、福特、克莱斯勒三大公司外，国外公司投资建厂较多，日本和韩国也纷纷在美国建立汽车工厂，汽车市场被美国、日本、韩国（包括德国、英国等）“三国”瓜分，各占 1/3；工业基础扎实，电动汽车及智能汽车技术和生产能力较强；汽车生产成本高，汽车品牌不断减少，市场处于饱和状态。

美国汽车的特点：宽敞舒适，设备齐全，苛求安全和环保，不拘小节；车身线条舒展流畅，棱角分明，车身宽大，整备质量大，排量大，强劲有力；做工比较粗糙，造型不够细腻，过分强调大功率和大车身。

第六节　日本汽车工业

一、概况

1902 年，一位名叫吉田真太郎的自行车行老板到美国采购自行车时，顺便参加了第三届纽约车展。他将一些发动机、变速箱和车桥等部件带回日本，准备着手制造汽车。回国后，吉田真太郎很快就建立了汽车商会。不久后，对机械工程颇有研究的工程师内山驹之助加入了该商会，并利用吉田真太郎从美国带回来的部件打造车身，于 1902 年试验性地组装出一辆汽车。

1904 年 7 月，日本冈山市的山场制成了日本的第一辆蒸汽式公共汽车，该车可乘坐

10 人，但搭载的是两缸蒸汽机，最大功率为 18 kW。

直到 1907 年 4 月，吉田真太郎和内山驹之助采用福特 A 型车的发动机，制造出日本第一辆汽油机汽车——“太古里 1 号”。从此，现代意义上的汽车在日本诞生，该车搭载了一台两缸发动机，排量为 1 853 mL，采用链传动，车身空间很小。在 1907—1909 年间，共生产了此型号汽车 17 辆。

1914 年，快进汽车社在组装和销售英国汽车的同时，还生产两缸、7.4 kW 发动机的“Dat”汽车，到 1917 年共生产了 7 辆汽车。

1917 年，三菱造船厂生产出三菱 A 轿车，这也是日本历史上首款量产型汽车。三菱 A 汽车的外观借鉴了菲亚特 A3-3 车型，这是一款四门 7 座轿车，搭载 26 kW 的 2.8 L、直列四缸发动机，采用后轮驱动。当时的三菱只能在神户造船厂内以手工打造的方式来生产这款车，成本非常高，4 年内只生产了 22 辆（包括原型车），不得不关张大吉。

20 世纪 60 年代，世界汽车工业发展最快的当属日本。日本从国外引进技术，很快就掌握了先进的生产和管理技术，并不断加以发展，使汽车生产的质量、产量等都得到了提高，日本汽车以“物美价廉”的优势源源不断地进入世界市场。1961 年，日本结束了汽车仿制时代，当年日本汽车产量超过意大利跃居世界第五位；1962 年，日本生产超过 100 万辆汽车；1965 年超过法国居世界第四位；1966 年，超过英国升为世界第三位；1967 年，日本汽车产量达到 300 万辆，超过德国成为第二大汽车生产国。经历了仅仅十余年，日本汽车产业就改变了世界汽车经济的格局，终结了美国和欧洲汽车制造商的主导地位。

1980 年，日本的汽车产量达到了 1 104 万辆，超过了多年处于冠军宝座的美国，成为世界第一大汽车生产国；1990 年，日本汽车产量达到 1 348.68 万辆的顶峰之后，汽车生产进入平稳期。直到 1993 年，美国超过日本的汽车产量，日本才回落到世界第二的位置。2006 年，日本汽车产量时隔 12 年后再次成为世界第一，生产了 1 148.42 万辆汽车，超过第二名美国 22.02 万辆。

作为日本的支柱产业，汽车工业在解决就业、出口创汇、拉动相关行业发展方面发挥了巨大的作用。日本汽车工业的投资额占制造业设备投资额总量的 20.7%，远高于电子设备、钢铁等行业；汽车出口额占总量的 22.1%。在就业方面，汽车及汽车相关产业就业人口为 501 万人，占总量的 7.9%。

2021 年，日本国内汽车生产量为 784.7 万辆，居世界第三位，较上年减少 2.7%，创 1976 年以来新低；日本国内汽车销量为 444.83 万辆，居世界第三位，汽车销量同比下跌 3.3%，创 10 年来新低。

二、著名汽车公司

现在，日本汽车生产公司主要有 11 家，汽车产量有所减少，有几家汽车公司处境比较艰难，纷纷与国外公司合作。

丰田（Toyota）公司由丰田喜一郎创立。丰田喜一郎先后购买了美国和德国汽车，把它们拆卸分解，又以它们为模型模仿制造。1935 年 8 月，丰田花了两年时间完成了试验货车 G1（见图 2-6-1）的制造。1936 年 6 月，丰田自行设计生产了第一款轿车 AA 型（见图 2-6-2）。1937 年 8 月，丰田喜一郎成立了丰田汽车工业株式会社。1938 年 11 月 3 日，丰田汽车总厂举行了隆重的开工典礼，后来公司把这一天作为正式创立的纪念日。

图 2-6-1　丰田第一辆试验货车 G1（1935 年）

图 2-6-2　丰田自行设计生产了第一款轿车 AA 型（1936 年）

丰田公司生产的汽车车型很多，主要生产丰田（Toyota）系列和雷克萨斯（Lexus）系列。2008 年，丰田取代通用成为世界上汽车产销量最大的汽车生产商。2021 年，丰田集团（包括旗下大发和日野两家子公司）共生产了 1 007.62 万辆汽车，同比增长 9.4%，其中丰田公司生产了 858.4 万辆，同比增长 8.5%。2021 年，丰田集团一共完成了 1 049.55 万辆新车交付，同比上涨 10.1%，其中，丰田公司交付了 961.52 万辆，同比上涨 10.6%。丰田公司汽车产销量继续位列世界第一。2021 年，丰田在中国市场连续 9 年增长，创下销售汽车 194.4 万辆的历史最高纪录，同比上涨 8.2%。

日产（Nissan）公司的创立，经历了一个较复杂的过程。1925 年，实用制造公司与快进社合并成为达特汽车公司，生产的第一辆轿车被称为“脱兔”（见图 2-6-3），当时采用了达特（Dat）商标。1930 年推出达特之子（Datson）汽车。1931 年，专业制造汽车零件的户田铸造公司取得达特汽车公司绝大多数股权，Datson 改名为 Datsun（达特桑）。1933 年 12 月 26 日，由日本产业公司和户田铸造公司（即达特汽车公司）共同投资 1 000 万日元，合资成立日产汽车制造股份公司，从此开始批量生产汽车。日产汽车主要有两个系列，即日产（Nissan）和英菲尼迪（Infiniti）。2021 年，日产汽车在全球销量为 402.92 万辆，同比下降 22.2%；中国仍然是日产汽车销量最高的国家，达到了 1 456 738 辆，同比下降 5.8%。

图 2-6-3　日产生产的第一辆轿车“脱兔”（1925 年）

本田（Honda）公司最早是生产摩托车的公司。1948 年 9 月，本田宗一郎以 100 万日元的资本开设了新的企业——本田摩托车公司，开发摩托车及其发动机。1962 年，本田首次在日本汽车展览会上展出了 T360 微型车（见图 2-6-4）和 S360 轿车，本田公司从称雄世界的摩托车扩展到了轿车。本田汽车主要有两个系列，即本田（Honda）系列和讴歌（Acura）系列。2021 年，本田汽车销量为 449 万辆，同比增长 1%，位居世界第七位，其中在中国的销量下滑了 4%，为 156.15 万辆。

铃木（Suzuki）公司也是从生产摩托车转向生产汽车的公司。1909 年 10 月，由铃木道雄在静冈县滨名郡创建铃木织机制作所。1952 年，他在自行车上加装发动机，从此涉足摩托车工业。1954 年，改名为铃木汽车公司。1955 年，第一辆量产汽车“铃木之光”

（见图 2-6-5）问世，从此铃木公司在小型汽车研发上得到了高速发展。2013 年，铃木离开了经营 28 年的美国汽车市场；2018 年，铃木离开了经营 25 年的中国汽车市场。2021 年，铃木全球汽车销量达 276.38 万辆；2021 年在日本本土汽车销量排行榜上，铃木汽车位列第二位，仅次于丰田汽车，而在印度市场上则是位列第一。

图 2-6-4　本田首辆四轮汽车 T360（1962 年）

图 2-6-5　铃木第一辆量产汽车“铃木之光”（1955 年）

马自达（Mazda）公司的创始人是松田重次郎。由松田重次郎创办的东洋工业公司成立于 1920 年 1 月 30 日。1931 年，他开始制造三轮汽车，从此涉足汽车制造业；1960 年开始生产轿车（见图 2-6-6）。1984 年，公司改名为日语“松田”的音译英文名马自达汽车公司，生产的汽车也称为马自达。马自达汽车公司曾经是世界上唯一批量生产转子发动机汽车的生产商。2021 年，马自达全球汽车销量为 128.75 万辆，同比增长 3.6%，在中国市场的销量仅为 183 953 辆，销量连续三年大幅下滑。

图 2-6-6　马自达最初生产的轿车 R360（1960 年）

三菱（Mitsubishi）的创始人是岩崎弥太郎。1870 年 10 月，岩崎弥太郎在土佐藩设立九十九商会。1872 年 1 月，九十九商会改名为三川商会。1873 年 3 月，又改名为三菱商社。1917 年，三菱造船厂生产了日本第一辆轿车三菱 A，这也是全日本首辆量产汽车（见图 2-6-7）。1970 年 4 月 22 日，由三菱汽车株式会社、三菱重工等共同投资的三菱汽车工业株式会社正式成立，即从三菱重工业公司独立出来的三菱成为日本最年轻的汽车公司。2021 年，三菱汽车全球销量约为 100 万辆，其中在中国市场的销量为 6.6 万辆，同比下降 36.14%。

图 2-6-7　日本首辆量产汽车三菱 A（1917 年）

斯巴鲁（Subaru）隶属原富士重工旗下的一个汽车品牌。1953 年 7 月 15 日，原富士重工业公司兼并了富士工业、富士汽车工业、大宫富士工业、宇都宫车辆、东京富士商业等 5 家公司，富士重工有限公司正式成立，投身汽车的研发行列。1954 年，富士重工推出了第一辆原型汽车 P-1，并将其品牌命名为斯巴鲁。1958 年，斯巴鲁正式推出了该品牌首款量产汽车斯巴鲁 360（见图 2–6–8）。2021 年，斯巴鲁汽车全球销量约为 100 万辆。斯巴鲁汽车第一大市场在美国，2021 年销售量为 583 810 辆，同比下降 4.6%，列美国市场销量第十位；2021 年，斯巴鲁在中国市场的销量为 16 886 辆，同比下滑 22.82%。

图 2–6–8　首款量产汽车斯巴鲁 360（1958 年）

三、特点

日本汽车工业的特点：创新设计、生产技术水平较高；设备投资规模大，产业聚集和区域专业化；以小型汽车生产为主，豪华汽车生产能力不断增强；出口优势明显，依赖海外市场。

日本汽车的特点：可靠性高，性能稳定，故障少，后期使用费用低；博采众长，兼收并蓄，用料精打细算，简洁实用；人性化设计，强调舒适性、便利性；发动机和变速器制造水平较高，轻巧省油；车型升级换代快，耐用保值；设计个性不够，较为中庸，材料选择及装饰比较低廉。

第七节　韩国汽车工业

一、概况

1955 年 8 月，韩国的汽车技师崔沐星与他的两个弟弟崔汉星、崔漱星一起将美军二手吉普车改造为越野车，这款车名为斯柏（Sibal，意为“新的开端”，见图 2–7–1）。该车安装了韩国制造的发动机，排量为 1 323 mL，有两个车门，装有三速变速器，最高时速为 80 km，自制率已经达到 50%。这可以说是韩国生产乘用车的起源，至 1962 年共生产销售了 3 000 多辆斯柏汽车。

图 2-7-1 斯柏（Sibal）越野车（1955 年）

韩国真正意义上的汽车生产始于 1962 年 8 月，韩国与日本日产汽车进行技术合作，将日产蓝鸟以组装进口零部件生产整车的方式进行生产。1966 年，新进汽车公司开始与丰田进行技术合作。1973 年，开始生产乘用车的起亚产业株式会社与日本马自达进行技术合作，组装生产马自达的产品，该车型迅速成为韩国汽车市场的畅销车。在韩国汽车工业的发展初期，韩国的汽车生产是以组装日本车为主，受日本汽车企业的影响非常大。

直到 1970 年，韩国的汽车年产量仅为 2.8 万辆。日本丰田公司于 1972 年从韩国完全撤出，于是新进公司与美国通用（GM）合资成立了高丽通用公司（GMK），开始批量生产通用公司的两款汽车。1976 年 11 月，GMK 变更为新韩公司，并于 1978 年被大宇集团收购。

同时，韩国汽车业在选择合作伙伴时开始将目光转向欧美的汽车企业。1965 年成立的亚细亚汽车株式会社，于 1970 年与意大利的菲亚特公司合作，开始生产菲亚特汽车。1967 年 12 月在韩国蔚山成立的现代汽车株式会社与福特进行技术合作，于 1968 年开始组装生产福特汽车。1974 年，现代汽车首次开发成功“小马”，这款搭载了三菱发动机的轿车于 1976 年被首次出口至南美的厄瓜多尔，开创了韩国汽车出口的先河。

1981 年，韩国政府对汽车产业采取整合措施。通过这次整合，乘用车的生产主要集中在现代汽车和大宇汽车两家公司，微型商用车的生产集中于起亚汽车一家公司，而特种车则集中在东亚汽车株式会社（后更名为双龙汽车）一家公司。

1980 年代，韩国汽车工业异军突起，掀起了第三次世界汽车工业浪潮，改变了世界汽车工业的格局。1986 年，韩国汽车猛增到 59.2 万辆，从而使韩国成为世界排名第 11 位的汽车生产国。当年，韩国出口汽车达 29.2 万辆，成为世界第 9 位汽车出口国。1988 年，韩国国内汽车产量已经超过 100 万辆。1994 年，韩国生产汽车 231.2 万辆，成为世界第六大汽车生产国。

汽车产业在韩国国民经济和出口额中所占的比重分别达到 11.1% 和 13.3%。韩国汽车出口量在世界排名前列，然而韩国汽车进口量仅占国内市场总量的 1%。

自 1997 年亚洲金融危机爆发后，韩国汽车业遭受了重大打击，原来被飞速发展所掩盖的政企不分、家族式经营日益显露出弊端，企业走到了破产的边缘。亚洲金融危机成为韩国汽车工业发展的分水岭。自此以后，韩国汽车工业急速进入结构调整期。

2000 年后，韩国汽车业的结构调整和质量提高成为韩国汽车出口及进军海外市场的助推器，其增长方式呈现出以国外市场为主体的国际化特征。

2000 年，韩国生产汽车 311.5 万辆，升至世界第五位。2011 年，韩国汽车产量高达 466 万辆。2000—2015 年，韩国汽车产量一直位居世界第五位。2021 年，韩国汽车产量为 347 万辆，同比减少 1.3%，位居世界第五位；汽车销量为 173 万辆，同比减少 8.5%。

二、著名汽车公司

现在，韩国的 9 家汽车生产企业通过兼并重组，实际上只剩下现代、起亚合并的一家公司——现代汽车集团，其标志如图 2-7-2 所示。老牌的双龙汽车几经变更，现在已成了印度马恒达的控股公司。1997 年开始生产轿车的三星汽车于 1999 年 6 月被法庭管制，2000 年 4 月被雷诺收购，同年 9 月成为雷诺三星汽车公司。2000 年 11 月 8 日，大宇汽车公司宣告破产，大宇客车被印度塔塔收购，大宇乘用车部分更名为通用韩国公司。

图 2-7-2　现代汽车集团（现代－起亚汽车集团）标志

现代（Hyundai）公司的创始人是郑周永。1967 年 12 月，郑周永在蔚山市创建现代汽车株式会社，正式向汽车工业进军。1968 年与美国福特汽车公司以“CKD”方式组装柯迪纳轿车，当年 11 月第一批柯迪纳驶出了蔚山工厂。1974 年 7 月，他投资 1 亿美元修建了一座新的汽车制造厂。郑周永与日本三菱汽车签订技术合作，开发小马轿车。1976 年 1 月，第一批小马轿车出厂（见图 2-7-3）。至此，韩国成为世界上第 16 个能够完全自行生产轿车的国家。

起亚（Kia）创建于 1944 年 12 月。1962 年开始生产三轮汽车 K360，1971 年开始生产四轮汽车，是韩国最早生产汽车的企业。1974 年第一辆采用汽油机的小型轿车 Brisa 诞生。1976 年，起亚收购了韩国亚细亚汽车公司。1990 年 3 月，公司正式改名为起亚

图 2-7-3　现代自主生产的第一辆轿车小马（1976 年）

汽车株式会社。1999 年，现代汽车集团出资 8.8 亿美元收购了濒临破产的起亚汽车公司，但起亚公司仍独立运作。

目前，现代汽车集团主要拥有现代（Hyundai）、起亚（Kia）、捷尼赛思（Genesis）等汽车品牌。

2021 年，现代汽车全球总销量为 389.1 万辆，同比增长 3.9%，其中在韩国本土销量仅为 72.68 万辆；起亚汽车全球总销量为 277.7 万辆，同比增长 6.5%，其中在韩国本土销量为 53.5 万辆，同比下降 3.1%。现代和起亚两者合计全球销量为 666.8 万辆。2021 年，现代汽车在中国市场的销量仅为 38.5 万辆（2014 年曾高达 117 万辆），同比下滑 23.3%；起亚汽车在中国市场的销量仅为 16.34 万辆，同比下滑 35%。

三、特点

韩国汽车工业的特点：重视自主开发能力的培育，走集团化发展的道路，出口导向，全球化经营，发展较快，厂家少，产量较高；氢燃料电池汽车发展较快。

韩国汽车的特点：产品质量不断提高，制造能力强于工程能力；中低端车型性价比较高，较为省油，安全性较高，注重实用；车身尺寸较大，外观漂亮，颜色鲜艳，外观运动时尚，配置一般；车身结构用料方面投入低，装配工艺标准低，零部件标准低，耐用性不好。

第八节　中国汽车工业

一、概况

新中国汽车工业的建立是以长春第一汽车制造厂的建成投产为标志的。1956 年 7

月 13 日，长春第一汽车制造厂制造出了新中国第一辆汽车解放 CA10 型载货汽车（见图 2–8–1）。

图 2–8–1　解放 CA10 型载货汽车

中国汽车工业，从无到有，从小到大，经历了四个不同的发展阶段。20 世纪 50 年代初至 60 年代末，实现了零的突破，初步建立了中国的汽车工业，主要建立了第一汽车制造厂、上海汽车制造厂、南京汽车制造厂、济南汽车制造厂、北京汽车制造厂、第二汽车制造厂、四川汽车制造厂和陕西汽车制造厂；70 年代初至 80 年代中期，初步克服结构性缺陷，“重型车、轻型车和轿车均不足”的矛盾得到缓解；80 年代中期至 90 年代末，治理“分散投资建厂问题”取得成效；2000 年起，汽车产业成为中国支柱产业，建立起高水平、专业化、大批量和集团化的生产体系，提高了产业竞争力。

中国已经建立了比较完整的汽车工业体系，汽车工业发展迅猛，汽车产销量不断攀新高。1993 年汽车产量突破百万辆，达到 130 万辆；1998 年生产汽车为 167 万辆，进入世界第十位；2006 年产量达到了 727.97 万辆，超过德国而位居世界第三。2009 年，中国汽车产销量分别为 1 379.10 万辆和 1 364.48 万辆；其中，乘用车生产 1 038.38 万辆，销售 1 033.13 万辆。中国以 300 多万辆的优势，首次超越美国和日本，成为世界汽车产销第一大国。

2021 年，中国汽车产销量连续 13 年位居世界第一，汽车生产达到 2 608.2 万辆，汽车销售达到 2 627.5 万辆，同比增长 3.4% 和 3.8%。其中，乘用车产销量 2 140.8 万辆和 2 148.2 万辆；商用车产销量 467.4 万辆和 479.3 万辆；新能源汽车产销量分别达到 354.5 万辆和 352.1 万辆，同比增长均为 1.6 倍；自主品牌汽车销量为 954.3 万辆，同比增长 23.1%，占汽车总销量的 44.4%。2021 年，中国汽车出口量 201.5 万辆，同比增长 101.1%，创历史新高。

二、著名汽车公司

2021 年中国汽车制造业企业数量为 16 414 家，同比增长 4.6%；其中，汽车整车制造企业 833 家（半数为汽车改装企业）。这种分散的局面不利于中国汽车产业的发展，国家鼓励汽车集团在全国范围内实施兼并重组，以形成合理的汽车产业格局。

2021 年，中国汽车销量前十名的企业（集团）共销售汽车 2 272 万辆，占汽车销售总量的 87%。

上海汽车集团股份有限公司（SAIC Motor，简称“上汽集团”，其标志见图 2–8–2）的主要业务包括整车（含乘用车、商用车）的研发、生产和销售，积极推进新能源汽车、智能汽车的商业化，并开展新技术的研究和产业化的探索；汽车零部件的研发、生产、销售；物流、汽车电商、出行服务、节能和充电服务等移动出行服务业务；汽车相关金融、保险和投资业务；海外经营和国际商贸业务；并在产业大数据和人工智能领域积极布局。

图 2–8–2　上汽集团标志

上汽集团所属主要整车企业包括乘用车公司、上汽大通、上汽大众、上汽通用、上汽通用五菱、南京依维柯、上汽依维柯红岩、上海申沃等。汽车品牌主要有荣威、飞凡、MG、宝骏、红岩、五菱、大通等（见图 2–8–3）。2021 年，上汽集团销量为 546.4 万辆，同比增长 5.5%，连续 16 年保持中国第一。其中，自主品牌汽车销售 275.7 万辆，出口汽车 69.7 万辆，均为中国第一。

图 2–8–3　上汽集团部分自主品牌车标

中国第一汽车集团有限公司（China FAW Group Corporation，简称“中国一汽”），即原第一汽车制造厂（First Automotive Works），其标志如图 2–8–4 所示。1953 年 7 月 15 日，第一汽车制造厂破土动工，新中国汽车工业从这里起步。2011 年 6 月 28 日进行主业重组，成立中国第一汽车股份有限公司。至今，一汽集团形成了东北、华北、华南和西南四大基地，分布在哈尔滨、长春、吉林、大连、北京、天津、青岛、无锡、成都、柳州、曲靖、佛山、海口等城市。目前，一汽发展成为重、中、轻、微、轿、客多品种，宽系列，全方位的产品系列格局，主要生产解放、红旗、奔腾等自主品牌汽车（见图 2-8-5）。

图 2-8-4　中国一汽集团标志

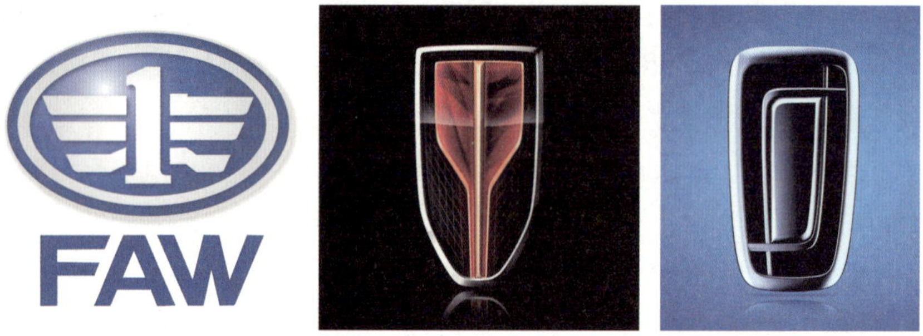

图 2-8-5　中国一汽集团主要自主品牌车标

2021 年，中国一汽集团全年共实现整车销售 350 万辆，位列中国第二。其中，在自主品牌中，红旗销量为 30 万辆，同比增长 50%；解放销量为 44 万辆；奔腾销量为 5.78 万辆。而在合资品牌方面，一汽 – 大众销量为 185.8 万辆，一汽 – 丰田销量约为 86 万辆。

东风汽车集团有限公司（Dongfeng Motor Corporation，简称 DFM，原第二汽车制造厂）始建于 1969 年，总部设在武汉，主要基地分布在十堰、襄阳、武汉、广州等地，主营业务涵盖全系列商用车、乘用车、汽车零部件、汽车装备等。

2021 年，东风集团整车销量为 327.53 万辆，位列中国第三。其中，自主品牌主要是东风（Dfm）、风神（Aeolus）、启辰（Venucia）、思铭（Ciimo）、华骐（Horki）和岚图（Voyah）等（见图 2-8-6），其全年销售超过 120 万辆，东风日产连续 7 年销量突破 100 万辆，东风本田销售 76 万辆，而从 2021 年年中才开始交付的高端新能源汽车品牌岚图，也交出了 6 791 辆的成绩单。

中国长安汽车集团股份有限公司（China Changan Automobile Group，简称“中国长安”）成立于 2005 年 12 月 26 日，是中国南方工业集团公司、中国航空工业集团公司两大中央企业对旗下汽车产业进行战略重组、共同成立的一家特大型企业集团，是中国四大汽车集团之一，总部位于北京。中国长安旗下拥有整车、动力总成、零部件、商贸服务四大主业板块。长安汽车拥有重庆、北京、江苏、河北、浙江、江西、安徽、广东等 8 大基地，30 个整车和发动机工厂。

图 2-8-6　东风集团主要自主品牌车标

长安发端于 1862 年“洋务运动”的上海松江，成长壮大于山城重庆，兴旺发达于改革开放。1982 年，原长安机器厂试制微型汽车，次年投产。1984 年，原江陵厂开发试制微型汽车发动机，1985 年被国家确定为微型汽车发动机定点生产厂。1995 年，原长安厂与原江陵厂强强合并为长安汽车有限责任公司。1996 年，重庆长安汽车股份有限公司成立。2009 年 7 月 1 日，更名为长安汽车集团股份有限公司（简称“长安汽车集团”）。2009 年 11 月 10 日，中国航空工业集团公司旗下的中航汽车与中国兵器装备集团公司旗下的中国长安汽车集团合并，成立新的汽车集团。中航汽车旗下的哈飞、昌河、东安动力等并入中国长安汽车集团，共同组建了新的中国长安（标志见图 2-8-7）。2021 年，长安汽车全年累计销量突破 230.1 万辆，同比增长 14.8%，并打破了以往的销量纪录，汽车销量位列中国第四。凯程（Kaicene）、长安（Changan）、欧尚（Oshan）等自主品牌（见图 2-8-8）汽车销售量为 175.5 万辆（其中乘用车为 120.42 万辆），位列中国第二名；按乘用车销量排位，长安自主品牌乘用车销量低于吉利的 132 万辆、长城的 128 万辆，位列自主品牌第三。2022 年 4 月 13 日，长安还公布了高端品牌“深蓝”。

广州汽车集团股份有限公司（Guangzhou Automobile Group，简称“广汽集团”，其标志见图 2-8-9），它是一家大型国有控股股份制企业集团，其前身为成立于 1997 年

图 2-8-7　中国长安集团标志

图 2-8-8　中国长安集团部分自主品牌车标

6 月的广州汽车集团有限公司。2005 年 6 月 28 日，广州汽车工业集团有限公司、万向集团公司、中国机械工业集团有限公司、广州钢铁企业集团有限公司和广州市长隆酒店有限公司作为共同发起人，对原广州汽车集团有限公司进行股份制改造，设立广汽集团。广汽集团目前拥有广汽乘用车、广汽本田、广汽丰田、广汽三菱、广汽菲克、广汽吉奥、广汽蔚来、本田（中国）、广汽日野、广汽客车、五羊本田、广汽部件、广汽丰田发动机、上海日野发动机等数十家企业与研发机构。2021 年，广汽集团累计汽车销量为 214.4 万辆，同比增长 4.9%；汽车销量位列中国第五。其中，自主品牌（见图 2-8-10）广汽传祺和广汽埃安销量为 45.6 万辆，位列中国自主品牌第十。

图 2-8-9　广汽集团标志

图 2-8-10　广汽集团部分自主品牌车标

北京汽车集团有限公司（Beijing Automotive Group，简称“北汽集团”，其标志见图 2-8-11），即原北京汽车工业集团总公司，2000 年 9 月改名为北京汽车工业控股有限责任公司，2010 年 11 月更名为北京汽车集团有限公司。北汽集团的前身可追溯到 1958 年成立的北京汽车制造厂。北汽集团是中国汽车行业骨干企业之一，主要从事整车制造、零部件、服务贸易、研发和改革调整五大平台，是北京汽车工业的发展规划中心、资本运营中心、产品开发中心和人才中心。目前，北汽集团所属汽车生产企业主要有北京汽车股份有限公司、北汽福田汽车股份有限公司、北京汽车制造厂有限公司、北京现代汽车有限公司、北京奔驰汽车有限公司等，并具有北京 / 北汽制造（Baw）、北汽股份 / 北京汽车（Baic）、北汽威旺（Weiwang）、北汽幻速（Huansu）、双狮（Foton PV）、时代（Forland）、北极狐（Arcfox）、Beijing 等多个自主汽车品牌（见图 2-8-12）。2021 年，北汽集团的汽车销量为 172.3 万辆，同比下降了 9.5%；汽车销量排名退至中国第六。

图 2-8-11　北汽集团标志

图 2-8-12　北汽集团部分自主品牌车标

浙江吉利控股集团（Zhejiang Geely Holding Group，简称“吉利集团”其标志见图 2-8-13）始建于 1986 年，1997 年进入汽车行业。吉利集团部分自主品牌车标如图 2-8-14 所示。吉利控股集团总部设在杭州，在浙江台州、宁波、兰州、湘潭、济南、成都等地建有汽车整车和动力总成制造基地；在国内外还拥有多个研发中心和生产厂。2018 年 5 月，吉利控股集团再次调整了组织架构。吉利集团旗下包含五大集团，分别是吉利汽车集团（包括吉利、几何、领克、极氪、睿蓝、宝腾、路斯特品牌）、沃尔沃汽车集团（包括沃尔沃、极星品牌）、吉利商用车集团（包括远程、伦敦电动车品牌）、吉利集团（新业务包括太力、摩托车、曹操出行等）以及铭泰集团（教育、体育、文旅）。2021 年，吉利汽车销量为 132.8 万辆，同比增长 3%；汽车销量位列中国第七。

图 2-8-13　吉利集团标志

图 2-8-14　吉利集团部分自主品牌车标

长城汽车股份有限公司（Great Wall Motor Company Limited，简称“长城汽车”）的前身是长城工业公司，成立于 1984 年，主要从事改装汽车业务。1991 年，以生产轻型客货车为主。2000 年初重组国有企业华北汽车制造厂，成立保定长城华北汽车有限责任公司。2001 年 6 月 12 日，长城汽车有限责任公司再次改制，成为长城汽车股份有限公司。目前主要生产皮卡、SUV 和轿车等。按照规划，除了已经投产的保定、徐水、天津、重庆、俄罗斯图拉工厂外，长城汽车还陆续在江苏张家港、山东日照、浙江平湖等地建设新的智慧工厂。长城汽车主要拥有长城、哈弗、魏派、欧拉、坦克和长城炮等自主汽车品牌（见图 2–8–15）。2021 年，长城汽车全年销量为 128.1 万辆，同比增长 15.2%，连续六年突破百万销量并创历史新高，汽车销量位列中国第八。

图 2–8–15　长城汽车部分自主品牌车标

奇瑞控股集团有限公司（Chery Holding Company Limited）坐落于芜湖市经济技术开发区，2010 年 10 月 20 日注册成立，注册资本 33 亿元，是奇瑞实施多元化发展的战略载体和集团母体。2017 年 10 月 19 日，奇瑞控股有限公司正式更名为奇瑞控股集团有限公司。2019 年 12 月 4 日，奇瑞控股集团有限公司、奇瑞汽车股份有限公司增资扩股项目落定，青岛五道口新能源汽车产业基金企业合计投资 144.49 亿元，持有两家公司 51% 的股权，成为奇瑞控股和奇瑞汽车的最大股东。

奇瑞控股以汽车产业为基础，充分利用体制优势与品牌效应，整合多种社会资源，以奇瑞品牌为核心，稳步推进多元化发展，培育多个核心产业，现旗下投资产业包括汽车及汽车零部件生产与研发、装备制造业、造船、房地产、金融投资、服务贸易、咨询服务等。奇瑞控股集团旗下有多个汽车品牌：一是奇瑞汽车股份旗下品牌拥有奇瑞、捷途、星途、奇瑞捷豹路虎、瑞麒等；二是奇瑞商用（安徽）有限公司旗下品牌包括开瑞、万达、威麟等（见图 2–8–16）。2021 年，奇瑞集团汽车销量为 96.2 万辆，同比增长 31.7%，汽车销量位列中国第九；海外出口为 26.9 万辆，同比增长 136.3%，位居中国品牌乘用车出口第二名。

比亚迪股份有限公司（BYD Company Limited，其汽车品牌车标见图 2–8–17）成立于 1995 年 2 月。2003 年 1 月 22 日，“电池大王”比亚迪正式入主西安秦川汽车公司（生产福莱尔微型轿车），致力于燃油汽车、电动汽车和混合动力汽车的研发与生产。2022 年 4 月 3 日，比亚迪汽车正式宣布，自 2022 年 3 月起停止燃油汽车的整车生产，成为全球首个正式宣布停产燃油汽车的车企。2021 年，比亚迪汽车累计销量为 74.01 万辆，同比大涨 73.34%，汽车销量位列中国第十。

图 2-8-16　奇瑞汽车部分自主品牌车标

图 2-8-17　比亚迪汽车品牌车标

三、特点

中国汽车工业的特点：汽车产业高速发展，产销量多年位居世界第一；新能源汽车特别是电动汽车发展势头迅猛，占有先机，电动汽车生产技术进入世界先进行列；汽车厂家多，汽车品牌多，影响力不够大，缺乏世界级的著名品牌；大量引进国外技术和外资，自主开发、设计能力不够强；汽车出口量小。

中国汽车的特点：风格各异，三厢车型多，车体宽大，加长车多，外观设计漂亮；货车外形朴实而具粗线条，讲究实用性，轻中型货车环境适应能力强，承载能力强；配置丰富，价格低廉，配件及维修费用低，使用成本低。

技能训练与实践活动

1. 请一位汽车专家介绍世界汽车工业情况和中国汽车的发展历程。

2. 利用网络查找世界汽车生产情况的最新数据，根据汽车产量，列出世界十大汽车生产国、世界十大汽车公司、中国十大汽车品牌。

3. 有条件的学校组织学生参观汽车制造厂，了解汽车的生产过程。

4. 讨论：为何美国汽车品牌会不断减少？为何中国汽车品牌会不断增多？

第三章

著名汽车标志

汽车的品牌和它的标志是一个不可分割的整体。汽车标志的诞生和汽车品牌的发展几乎是结伴而行的。如今，车标的功能已经从最初的区别作用上升到品牌识别的高度，同时也成为汽车市场品牌设计、推广和大众关注的焦点。

车标无疑是品牌和生产企业的代名词，记录着企业的成长历程，同时也以具体的视觉符号传递品牌的抽象内涵，反映企业的风格气质。车标是艺术性和象征性的统一，是一个汽车企业质量、信誉、原则和精神昭示于世的图腾，也是一个汽车企业生存与尊严的缩影。一枚精致的车标可使汽车产品身价百倍，风靡于世。因此，一枚图案简洁、主题鲜明、创意新颖、内涵丰富、易于识别、便于传播的车标，对汽车企业来说作用尤为关键。

第一节　德　　国

一、梅赛德斯 - 奔驰（Mercedes-Benz）

梅赛德斯 - 奔驰（Mercedes-Benz）车标（见图 3-1-1）是一个在两个嵌套的圆中含有一颗三叉星，“MERCEDES”字样在上，“BENZ”字样在下，两边有月桂枝的标志。还有一种标志是将形似汽车转向盘内嵌三叉星的商标竖立在有“MERCEDES”和“BENZ”字样及两边有月桂枝的圆形基座上，然后再把整个标志竖立在车头前部。

图 3-1-1　梅赛德斯 - 奔驰车标

月桂枝作为吉祥、成功、胜利、荣誉的象征；三叉星则表达在陆、海、空三个领域实现机动化的夙愿；外圆形似汽车的转向盘，进而表示公司的产品在地球上自由驰骋。

二、迈巴赫（Maybach）

迈巴赫（Maybach）车标由两个交叉的 M 围绕在一个球面三角形里组成，如图 3–1–2 所示。

迈巴赫轿车采用这个经典的标志，以前两个 M 是 Maybach Motorenbau（迈巴赫汽车）的缩写，而现在两个 M 是 Maybach Manufacturer（迈巴赫制造厂）的缩写。

图 3–1–2　迈巴赫车标

三、斯马特（Smart）

斯马特（Smart）车标由字母“C”和箭头组成，如图 3–1–3 所示。字母“C”代表 Compact，意为紧凑设计、小型汽车；箭头表示超前的思想，寓意节能、环保、低碳的超前思维和生活方式。

图 3–1–3　斯马特车标

四、宝马（BMW）

宝马（BMW）汽车车标的圆形蓝白图案（见图 3–1–4）寓意宝马公司渊源悠久的历史，象征着该公司过去在航空发动机技术方面的领先地位。环形上的“BMW”字母是德文巴伐利亚发动机公司的缩写；宝马的总部在慕尼黑，是德国巴伐利亚州的州府，而巴伐利亚州的州旗是蓝白相间的，宝马的名字又是巴伐利亚发动机制造有限公司，因此宝马标志就代表了巴伐利亚，代表了德国最精湛的发动机技术。

图 3-1-4　宝马车标

五、保时捷（Porsche）

保时捷（Porsche）汽车的车标图案是“名马配名车”，如图 3-1-5 所示，采用的是公司所在地斯图加特市的徽章，其中央是一匹马，上写“STUTTJGART”（斯图加特），表明公司总部设在斯图加特市。斯图加特市早在 16 世纪就盛产名马。

图 3-1-5　保时捷车标

车标左上方和右下方是鹿角图案，表明该地曾是狩猎的场所；另一种说法是古代符腾堡王国（现在的巴符州——保时捷的发源地）的标志。

右上方和左下方的黄色条纹是成熟麦子的颜色，寓示五谷丰登；黑色代表着土地肥沃，年年丰收；红色象征着人们的智慧和对大自然的钟爱。

六、大众（Volkswagen）

大众（Volkswagen）车标图形像一只圆形的眼睛，如图 3-1-6 所示，“眼睛”中竖立着“V”“W”两个字母，是德文大众汽车（Volkswagen Werk）词组的第一个大写字母。图形商标也可看成是 3 个表示“胜利”的“V”字，寓示着大众公司及其产品“必胜—必胜—必胜”。

七、奥迪（Audi）

奥迪（Audi）汽车的“四连环”车标是霍希（Horch）、奥迪、DKW、漫游者（Wanderer）四家公司联合的产物，如图 3-1-7 所示。

图 3-1-6　大众汽车车标

图 3-1-7　奥迪是联合的产物

标志用 4 个极具金属动感的银色圆环装饰，如图 3-1-8 所示，“Audi”字样紧贴其下。

图 3-1-8　奥迪车标

八、欧宝（Opel）

欧宝（Opel）车标（见图 3-1-9）的核心部分“闪电”图形，反映了欧宝汽车制造商对达到甚至超过最高设计和性能标准的承诺，代表公司的技术进步和发展，像闪电一样划破长空，震撼世界。“闪电”寓示欧宝汽车如风驰电掣，同时也寓意它在空气动力学方面的研究成就。

九、曼（Man）

曼（Man）汽车车标是“Man”，如图 3-1-10 所示，它是奥格斯堡 – 纽伦堡机械制造股份公司的三个德文单词的第一个大写字母，在文字商标下有一只向天咆哮的雄狮，显示出雄狮一鸣惊天下的豪气，象征其生产的汽车强劲有力。

图 3-1-9 欧宝汽车车标

图 3-1-10 曼汽车车标

第二节 法　　国

一、标致（Peugeot）

标致（Peugeot）汽车车标雄狮（见图 3-2-1）以简洁、明快、刚劲的线条，象征着今天更为完美、成熟的标致汽车。这一造型独特的站立着的雄狮，既突出力量又强调节奏，更富有当今时代的气息，意味着标致汽车永远像雄狮那样威武、敏捷，永远保持旺盛的生命力。

图 3-2-1 标致汽车车标

二、雪铁龙（Citroen）

雪铁龙（Citroen）汽车用人字齿轮的两对齿形作为车标，后来又作为汽车产品商标，如图 3–2–2 所示。人字齿轮有许多优点，运行平稳、低噪声、高效。车标反映出该公司的产品特点：创造大胆，技术领先，具有艺术魅力。

图 3–2–2　雪铁龙汽车车标

三、雷诺（Renault）

雷诺（Renault）汽车车标是一个由矩形组成的四维空间的菱形（见图 3–2–3），表示雷诺兄弟共同组成了一个大集体，与汽车工业融为一体；寓示雷诺汽车能在无限的四维空间中竞争、生存和发展；又表征雷诺汽车的刚劲有力，加工尺寸精确且与众不同。

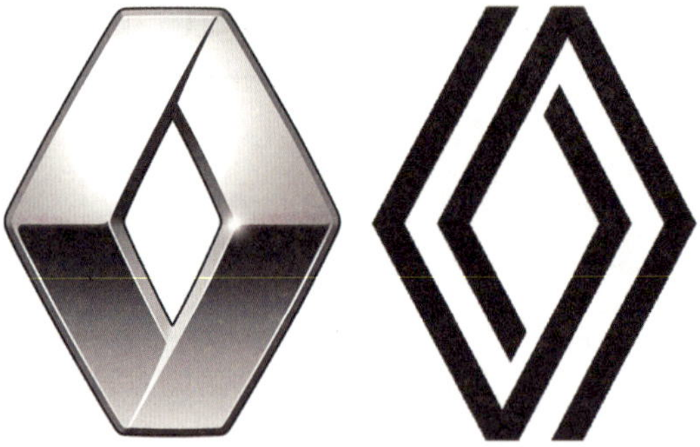

图 3–2–3　雷诺汽车车标

四、文图瑞（Venturi）

文图瑞（Venturi）汽车车标是一个红色的 V 形，上面附有蓝色背景下的银灰色的雄鹰，如图 3–2–4 所示。

V 既代表 Venturi，也表示 Victory（胜利），象征着文图瑞跑车能像雄鹰一样，展翅飞翔，不断取得胜利。

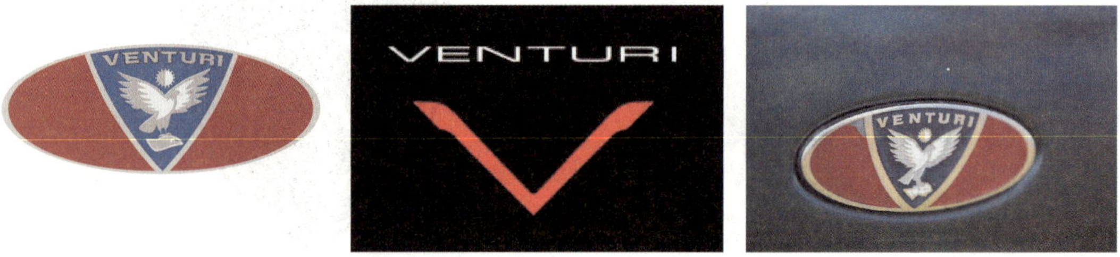

图 3–2–4　文图瑞汽车车标

五、布加迪（Bugatti）

布加迪（Bugatti）汽车车标（见图 3-2-5）外形呈椭圆形，中间是大写英文字母“BUGATTI”，上边是拼在一起的两个字母“EB”，周边一圈小圆点象征滚珠轴承，并以红色为底色，寓意布加迪汽车能永远不停地前进。

图 3-2-5　布加迪汽车车标

第三节　意　大　利

一、菲亚特（FIAT）

菲亚特（FIAT）汽车车标中，红宝石背景下突出“FIAT”字母，并被圆形铬金属框架包围，如图 3-3-1 所示。新车标有三维视觉效果，表现了汽车技术、意大利设计、动感以及强烈个性完美融合的一种理念。

图 3-3-1　菲亚特车标

二、阿尔法－罗密欧（Alfa Romeo）

图 3-3-2 所示为阿尔法－罗密欧（Alfa Romeo）汽车车标。阿尔法－罗密欧公司的所在地为意大利米兰。标志中红十字是米兰的象征图案，右侧描绘了一条盘绕的蛇形图案。

三、法拉利（Ferrari）

法拉利（Ferrari）汽车车标中部是金丝雀羽毛的金黄底色、黑色奔马，如图 3-3-3 所示。黄色是法拉利故乡摩德纳市的代表颜色。上部的绿、白、红三色是意大利的国旗色。

图 3-3-2　阿尔法－罗密欧车标

图 3-3-3　法拉利汽车车标

四、玛莎拉蒂（Maserati）

玛莎拉蒂（Maserati）汽车车标设计为三叉戟，如图 3-3-4 所示。

图 3-3-4　玛莎拉蒂汽车车标

五、兰西亚（Lancia）

兰西亚（Lancia）在意大利语中的意思是“长矛”。在兰西亚的汽车车标中，浅色的线条装饰与深蓝色的盾牌形成鲜明的对比，衬托出一种凝重的感觉，象征着品牌的实力，如图 3-3-5 所示。

图 3-3-5　兰西亚汽车车标

六、兰博基尼（Lamborghini）

兰博基尼（Lamborghini）汽车车标是一头浑身充满力量的斗牛，如图 3-3-6 所示。寓意该公司生产的汽车功率大、速度快，这与其大功率高速跑车的特性相吻合。

图 3-3-6　兰博基尼汽车车标

七、阿巴斯（Abarth）

菲亚特品牌的运动型轿车都以阿巴斯（Abarth）为商标，其车标是一只蝎子的造型，如图 3-3-7 所示。

图 3-3-7　阿巴斯汽车车标

第四节　英　　国

一、劳斯莱斯（Rolls-Royce）

劳斯莱斯（Rolls-Royce）汽车车标（见图 3-4-1）的外框为长方形，分上、中、下三格，上、下格由两个人的名字组成，中间重叠的“RR”是创建人劳斯、莱斯二人姓氏的第一个字母，代表两者真诚、永久的联合，体现了两人融洽、和谐的合作关系，说明两位创始人紧密合作、相互支持，又表示两人你中有我、我中有你的团结奋进精神。

劳斯莱斯汽车车标除了双 R 之外，还有著名的“飞天女神”车标，如图 3-4-2 所示。

图 3-4-1　劳斯莱斯汽车车标

图 3-4-2　劳斯莱斯“飞天女神”车标

二、宾利（Bentley）

最早的宾利（Bentley）汽车使用侧身的飞鹰翅膀车标，如图 3-4-3 所示。

如图 3-4-4 所示，现在宾利汽车车标为一只凌空翱翔的雄鹰，鹰的腹部有品牌名称的第一个字母“B”。

三、阿斯顿·马丁（Aston Martin）

阿斯顿·马丁（Aston Martin）汽车车标为一只展翅飞翔的大鹏（见图 3-4-5），

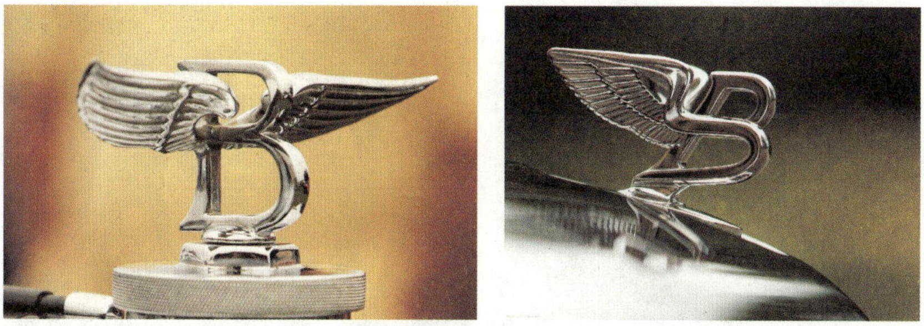

图 3-4-3　宾利汽车飞鹰翅膀车标

图 3-4-4　宾利汽车车标

图 3-4-5　阿斯顿·马丁汽车车标

并标有“ASTON MARTIN”字样，寓意阿斯顿·马丁汽车像大鹏一样具有远大的志向。

四、捷豹（Jaguar）

早期的捷豹（Jaguar）汽车车标多是一个前扑的美洲豹雕像，后来为了美化车身及流线型的需要，大多只在车的前部标一个美洲豹的头像（见图 3-4-6），也有部分捷豹汽车同时采用了这两个标志。

图 3-4-7 所示为捷豹美洲豹雕像车标，图案形神兼备，具有时代感与视觉冲击力，它既标示出品牌的名称，又表现出向前奔驰的力量与速度。

图 3-4-6　捷豹汽车美洲豹头像车标

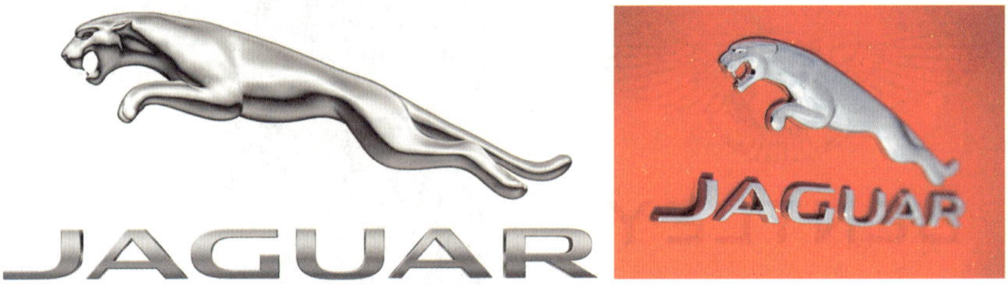

图 3-4-7　捷豹汽车美洲豹雕像车标

五、罗孚（Rover）

罗孚（Rover）汽车采用一只海船的图案作为车标，如图 3-4-8 所示，象征乘风破浪、所向披靡、勇往直前的精神。

图 3-4-8　罗孚汽车车标

六、兰德·路虎（Land Rover）

兰德·路虎（Land Rover）汽车车标已演变成绿色的椭圆形（见图 3-4-9），车标中间上下排列着的大写字母 LAND ROVER，独特的绿色车标，代表着可靠、探险、魄力和至高无上的四驱精神，想起兰德·路虎汽车所创造的越野传奇。

图 3-4-9　兰德·路虎汽车车标

七、名爵（MG）

名爵（MG）汽车的八角形车标（见图 3-4-10），中间为“MG”的英文字母代表着稳固、热情、忠诚、可信赖。

图 3-4-10　名爵汽车车标

八、迷你（MINI）

迷你（MINI）汽车车标（见图 3-4-11）是在英文 MINI 外面加一对翅膀，象征速度与自由。

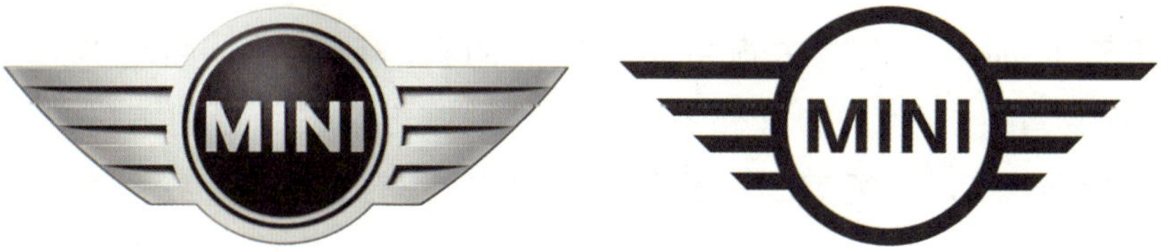

图 3-4-11　迷你汽车车标

九、摩根（Morgan）

摩根（Morgan）汽车车标为“MORGAN”（创始人摩根）字样，在其两侧带翼，寓意快速飞翔，如图 3-4-12 所示。

图 3-4-12　摩根汽车车标

十、路特斯（Lotus）

路特斯（Lotus）在 2011 年前被称为“莲花”，其车标如图 3-4-13 所示。在莲花的花蕊上除了英文字母“LOTUS”外，还有 4 个字母“ACBC”重叠组成的图案。

图 3-4-13　路特斯（莲花）汽车车标

第五节　瑞　典

一、斯堪尼亚（Scania）

斯堪尼亚（Scania）汽车车标是头戴皇冠的狮身鹰面兽，如图 3-5-1 所示，显示出该公司的力量、速度、敏捷和勇气；外框的圆形及三角形图案是一个自行车的轮盘（脚踏板曲柄），象征着公司最早是生产自行车的企业，寓意公司的历史源远流长。

二、萨博（SAAB）

萨博（SAAB）汽车的图形标志与“头戴皇冠的狮身鹰面兽”（斯堪尼亚车标）具有“血缘”关系，其中间也是头戴金色皇冠的狮身鹰面兽，其圆形底部为银色的 SAAB 字母，背景为蓝色，如图 3-5-2 所示。

图 3-5-1　斯堪尼亚汽车车标

图 3-5-2　萨博汽车车标

三、沃尔沃（Volvo）

沃尔沃（Volvo）汽车车标是铁元素的古老化学符号，有一支箭头的圆圈，箭头呈对角线方向指向右上角，如图 3-5-3 所示。

图 3-5-3　沃尔沃汽车车标

沃尔沃汽车车标由三部分图形组成：第一部分的圆圈代表一个滚动的车轮，同时也是瑞典钢铁工业的象征；第二部分是对角线，沿着散热器的对角线给 Volvo 标志加上了一个斜带；第三部分是 Volvo 公司注册商标，采用古埃及字体。

沃尔沃汽车车标寓意公司兴旺发达，前途无限，事业滚滚向前。

四、科尼赛克（Koenigsegg）

科尼赛克（Koenigsegg）汽车的盾形徽章车标，如图 3-5-4 所示。

图 3-5-4　科尼赛克汽车车标

第六节　美　　国

一、凯迪拉克（Cadillac）

凯迪拉克（Cadillac）汽车车标含有大胆而轮廓鲜明的棱角，象征着凯迪拉克在行业内的领导地位，反映了该品牌新的设计方向和技术进展。车标以铂金颜色为底色，盾象征着凯迪拉克品牌具有巨大的市场竞争能力；金黄与纯黑相映，象征智慧与财富；红色，象征行动果敢；银白色，代表着纯洁、仁慈、美德与富足；蓝色，象征着攻无不克的精神，如图 3-6-1 所示。

图 3-6-1　凯迪拉克汽车车标

二、别克（Buick）

别克（Buick）汽车车标采用红、银灰、蓝三重盾牌，以代表当年别克生产的三种车型（分别是 Lesabre、Invicta、Electra）。三重盾牌从高向低处依次排列在不同高度的位置上，给人一种积极进取、不断攀登的印象，如图 3-6-2 所示。

三、雪佛兰（Chevrolet）

雪佛兰（Chevrolet）汽车车标是一个蝶形金领结，其采用金黄色的图案、黑色的边框和文字。黄色表示创新、运动和快乐；黑色反映强烈而大胆的性格，如图 3–6–3 所示。

图 3–6–2　别克汽车车标

图 3–6–3　雪佛兰汽车车标

科尔维特（Chevrolet）是雪佛兰公司于 1953 年开始生产的高级运动汽车的子品牌，其车标图案是在椭圆内交叉嵌套着两面旗子。那面黑白相间的旗子表示该车是参加公路汽车大赛的运动车；那面红色旗子上的蝴蝶结商标，表示该车由雪佛兰制造；旗子上的奖杯和花朵则代表夺冠后的欢呼和对成功的纪念，如图 3–6–4 所示。

四、吉姆西（GMC）

GMC 过去是通用货车和客车（GM Truck and Coach Division）的缩写，现在是通用汽车公司（General Motors Corporation）的缩写，如图 3–6–5 所示。

五、悍马（Hummer）

悍马（Hummer）汽车车标如图 3–6–6 所示，2020 年 2 月 4 日，通用汽车申请了新的悍马商标注册，悍马将以纯电动皮卡车的形式回归市场，新车标字体的设计较之前更加轻便和坚硬，新字体所有的竖笔画拥有统一的宽度，同时对字母笔画的边角进行了 45° 的斜切处理。新车标不仅减少了原有车标的笨拙性，同时也体现了电动汽车轻盈、灵活的特点。

图 3-6-4　雪佛兰子品牌科尔维特使用过的车标

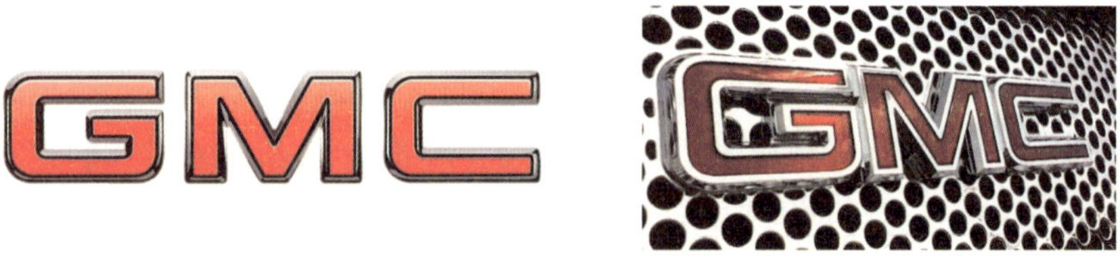

图 3-6-5　吉姆西汽车车标

图 3-6-6　悍马汽车车标

六、福特（Ford）

福特（Ford）汽车车标是在蓝色背景的衬托下，被艺术化了的“Ford”英文字母，如图 3-6-7 所示。

图 3-6-7　福特汽车车标

七、林肯（Lincoln）

林肯（Lincoln）汽车车标是在一个矩形中含有一颗闪闪放光的星辰，如图 3-6-8 所示，寓意林肯轿车尊贵气派、前途无量，具有光辉灿烂的明天。

图 3-6-8　林肯汽车车标

八、克莱斯勒（Chrysler）

克莱斯勒（Chrysler）汽车车标使用了一只跃跃欲飞的雄鹰翅膀和一个花形徽章图案的组合，如图 3-6-9a 所示。在花形徽章图案中有“CHRYSLER”（创始人是克莱斯勒）大写英文字母字样。金色的徽章代表着质量，圆圈代表车轮，闪电代表活力，雄鹰翅膀象征着克莱斯勒欣欣向荣的景象。

2010 年，克莱斯勒汽车车标进行了简化，取消了中间的闪电丝带徽章，如图 3-6-9b 所示。

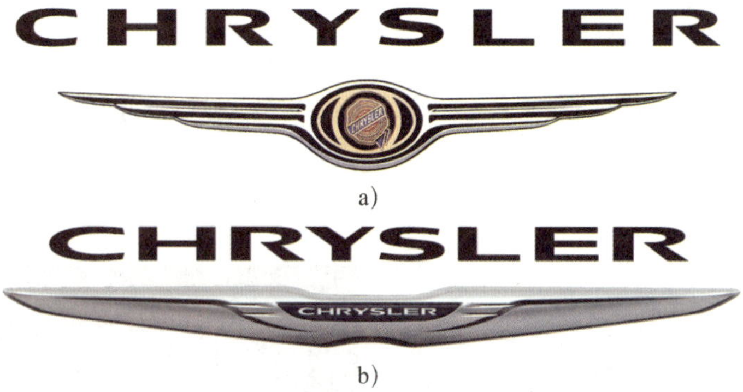

图 3-6-9　克莱斯勒汽车车标

a）老车标　b）新车标

九、道奇（Dodge）

道奇（Dodge）汽车标志由“DODGE”英文字母和右上角的两条红色斜纹组成，采用了克莱斯勒集团 SRT 品牌的两道红色条纹，如图 3-6-10 所示。

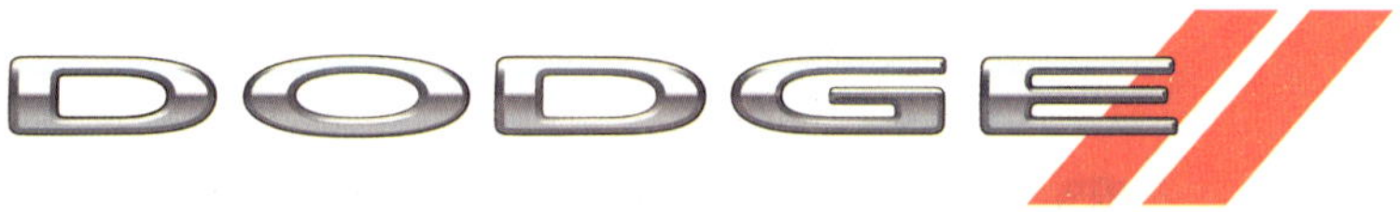

图 3-6-10　道奇汽车车标

道奇字样都是银色的，底部有黑色，它代表着尊严和成熟，标志右侧的两条斜条纹被涂成红色，象征着与运动型道奇车相关的热情和兴奋。

十、公羊

公羊（Ram）汽车车标是在一个五边形中有一只羊头，象征着自信和力量，如图 3-6-11 所示。

图 3-6-11　公羊汽车车标

十一、吉普（Jeep）

吉普（Jeep）汽车车标造型简单，就是Jeep四个英文字母组成，如图3-6-12所示。

图3-6-12　吉普汽车车标

十二、特斯拉（Tesla）

特斯拉（Tesla）汽车的名字源自发明家、机械工程师、电气工程师和物理学家尼古拉·特斯拉。

特斯拉汽车的新车标中取消了盾牌，显得简洁大方，充满科技感。标志中的字母“T”表示电动机横截面局部图像，同时也意为特斯拉（Tesla），如图3-6-13所示。

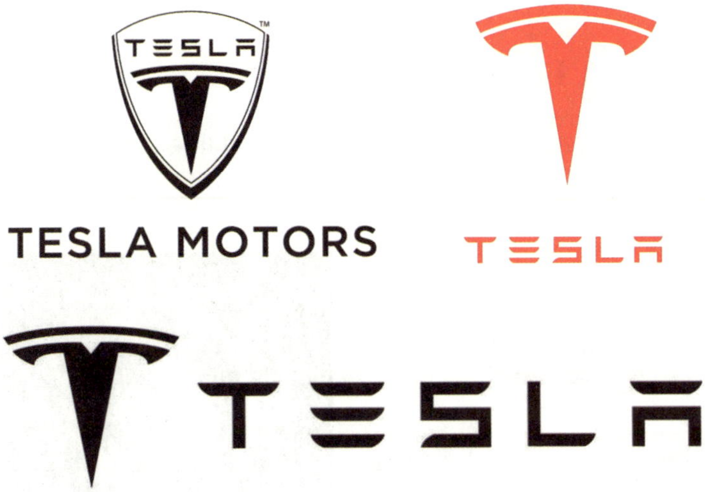

图3-6-13　特斯拉汽车车标

第七节　日　　本

一、丰田（Toyota）

丰田（Toyota）汽车车标由三个椭圆环形组合构成，如图 3–7–1 所示，标志中每个椭圆都是以两点为圆心绘制成的曲线组合，一个纵向椭圆和两个横向椭圆交错，构成一个 T 字，即原标志中 Toyota 的第一个字母，代表着丰田汽车公司；外边的一个椭圆表示地球。

图 3–7–1　丰田汽车车标

中间的 T 字最大限度地占据了椭圆的空间，充分反映出丰田汽车公司要把自身的技术、产品推向全世界的强烈愿望，体现了丰田汽车公司“为生产人们所喜爱的汽车而努力奋斗”的宗旨。

二、雷克萨斯（Lexus）

雷克萨斯（Lexus）汽车车标是在椭圆（外面的椭圆并未封口）内有一个字母 L，其中椭圆代表着地球，如图 3–7–2 所示。

图 3–7–2　雷克萨斯汽车车标

三、日产（Nissan）

日产（Nissan）汽车车标如图 3–7–3 所示，它是将写有 Nissan 的蓝色横幅放在一个火红的太阳上，蓝色贯穿红色的太阳象征着天空。红日和蓝天合起来象征日产公司的事业蒸蒸日上。现在的日产车标已将“红太阳”简化为一个圆圈。

图 3–7–3　日产汽车车标

四、英菲尼迪（Infiniti）

如图 3–7–4 所示，英菲尼迪（Infiniti）汽车车标的椭圆形曲线代表一条无限延伸的道路，两条直线则代表通往巅峰的道路，象征英菲尼迪品牌汽车永无止境的追求和无限美好的前景。

图 3–7–4　英菲尼迪汽车车标

五、本田（Honda）

如图 3–7–5 所示，本田（Honda）汽车车标图案中的“H”是本田的第一个大写英文字母，三弦音箱式的“H”标志体现出本田公司年轻、技术先进等形象。

六、讴歌（Acura）

讴歌（Acura）之名源自拉丁文的“acu”，意为精细加工或精湛的加工工艺。

讴歌汽车车标（见图 3–7–6）是英文字母 A 的变形，代表 Acura，与本田汽车公司的标志 H 有相同之处；犹如一把卡钳，专门用于精确测量的卡钳象征着精确、精致和技术先进。

图 3-7-5　本田汽车车标

图 3-7-6　讴歌汽车车标

七、三菱（Mitsubishi）

三菱（Mitsubishi）汽车车标是三颗菱形钻石，如图 3-7-7 所示。

图 3-7-7　三菱汽车车标

八、斯巴鲁（Subaru）

斯巴鲁（Subaru）汽车车标的图形是一个蓝底椭圆，中间的 6 颗闪闪发光的星星代表牧牛星座昴宿星团中的 6 颗闪亮的星星，如图 3-7-8 所示。蓝底椭圆以速度感象征飞跃发展的斯巴鲁，一颗大星后面闪烁着 5 颗小星，表示斯巴鲁是由它于 1955 年合并其他 5 家公司后组建而成的。

图 3-7-8　斯巴鲁汽车车标

九、马自达（Mazda）

马自达（Mazda）汽车车标中的 M 是公司创始人松田名字的第一个大写英文字母，如图 3-7-9 所示。

图 3-7-9　马自达汽车车标

椭圆中使用一个特殊的字母“M”，寓意飞翔的双翅，最外面动感的圆环象征马自达准备迎接未来的挑战。

十、铃木（Suzuki）

铃木汽车车标是用“SUZUKI”的第一个字母“S”设计而成。铃木车标图案中的“S”形设计给人以充满力量的感觉，象征着无限发展中的铃木，如图 3-7-10 所示。

图 3-7-10　铃木汽车车标

十一、大发（Daihatsu）

大发（Daihatsu）之名取自该公司的前身大阪发动机制造公司的所在地“大阪”和主要产品“发动机”两词，大发汽车车标取其公司名的第一个字母，如图 3-7-11 所示，图形标志中的流线型字母 D 表示公司不断向前发展。

图 3-7-11　大发汽车车标

第八节　韩　　国

一、现代（Hyundai）

现代（Hyundai）汽车车标（见图 3-8-1）是在椭圆中有一个斜花体字母 H，是现代英文名（Hyundai）第一个单词的首字母，标志又是两个人握手的形象化艺术表现，代表现代汽车公司与客户之间互相信任与支持。标志中的椭圆既代表汽车的转向盘，又可以看成地球，与其间的字母“H”很好地结合在一起。

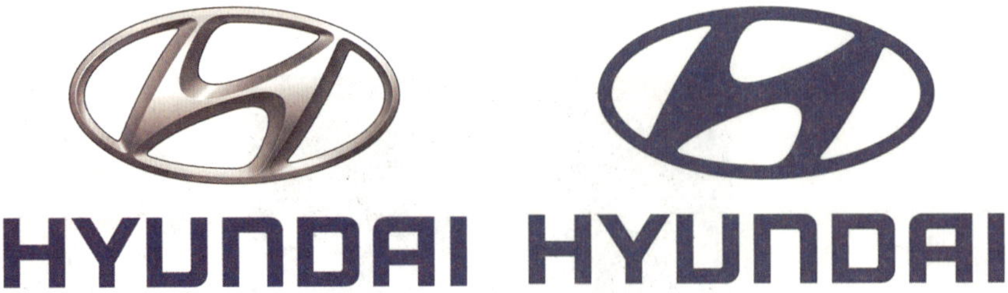

图 3-8-1　现代汽车车标

二、起亚（Kia）

起亚（Kia）汽车车标是将字母“KIA”放在椭圆里，其名字源自汉语：“起”代表起来，“亚”代表亚洲，“起亚”表示“起于亚洲”。

如图 3–8–2a 所示，起亚汽车车标由亮红的椭圆、白色的背景和“KIA”三个字母构成，给人以鲜艳、活泼的感觉，体现年轻及富有活力的品牌形象。

2021 年 1 月 6 日，起亚汽车发布了全新标志（见图 3–8–2b）。新的标志继续以起亚“KIA”文字为主，去掉了椭圆形的外环，字体也较之前变得更加现代前卫。三个字母采用连体设计，其中“I”和“A”两个字母进行了笔画共用。看起来线条更加流畅，科技感十足，具有稳固的三角形支撑。可以看出，起亚想从早期的廉价汽车品牌，向时尚、现代感强烈汽车品牌转型。

a)　　b)

图 3–8–2　起亚汽车车标

a）旧车标　b）新车标

第九节　中　　国

一、一汽（FAW）/ 解放（Jiefang）

“解放”这两个字源自《解放日报》报头，如图 3–9–1 所示。

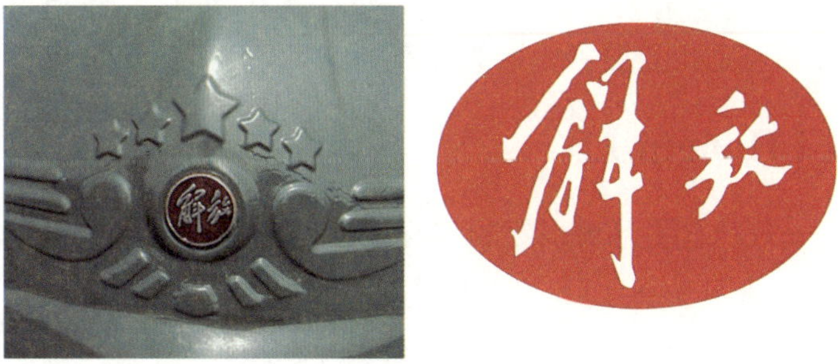

图 3–9–1　最早的解放汽车车标

一汽车标（见图 3–9–2）是将阿拉伯数字“1”和汉字“汽”巧妙布置，构成一只展翅雄鹰的图案。取第一汽车制造厂中“一汽”为核心元素，经组合、演变，构成雄鹰的视觉效果。寓意一汽汽车搏击长空、展翅翱翔；一汽是中华民族汽车工业腾飞的翅膀，寓示中华民族汽车业将屹立于世界强国之林；它既代表不断进取、展翅高飞的中国一汽精神，又表达了中国汽车工业冲出国门、走向世界的决心。

图 3–9–2　一汽车标构成一只展翅雄鹰的图案

数字“1”也寓意“第一车”：新中国成立以后第一个汽车制造厂；追求质量第一，追求产品第一，追求效益第一，追求用户第一；第一伙伴，做用户的朋友；第一追求，追求完美，永无止境。

2022 年 1 月 18 日，中国一汽对外发布了全新的企业品牌形象标志（见图 3–9–3），“1”字鹰形标志进入全新的扁平化时代。

图 3–9–3　一汽新扁平化标志（2022 年）

中国一汽还为这对翅膀赋予了全新的意义。“汽”字代表中国一汽立足主责主业，勇担开创新时代中国汽车产业创新发展新道路的使命；展翅雄鹰，标志着中国一汽充满积极向上、奋斗奋进的力量。左右对称的翅膀又似背靠背的两个大写“E”字母，它们分别代表了 Environment（环境）和 Enjoy（享受）两个关键词，寓意中国一汽致力于绿色低碳、节能环保，努力为用户提供“美妙出行、美好生活”，打造世界一流、环境友好、深受用户喜爱的移动出行服务公司的愿景。

二、红旗（Hongqi）

“红旗”属于一汽的自主品牌。红旗车标包括前车标、后车标和两侧车标。前车标和两侧车标是红旗（见图 3–9–4）；后车标是“红旗”两个汉字（见图 3–9–5）。

2018 年 1 月 8 日，新红旗车标公布（见图 3–9–6）。

新红旗车标用了一个中央带有 T 字形红色标识的盾形车标，整个车标不但更有时代气息，而且更加耀眼醒目，该标志设计理念来源于迎风飘扬的红旗，旗开得胜，展现韵律之美，象征奋进向上的红旗精神；对开的红旗象征打开振兴之门，踏上成功之路，寓意红旗品牌旗开得胜。金色的中轴线设计思路，灵感来自北京市的中轴线；底纹采用菱形

图 3-9-4　红旗车标上的红旗从五面到一面

图 3-9-5　“红旗”字标

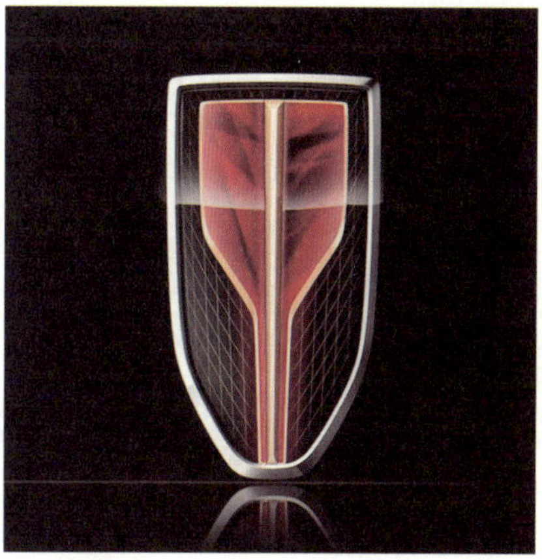

图 3-9-6　新红旗车标（主要出现在方向盘和轮毂上）

网格经纬线设计，经纬阡陌，品牌万物互联，象征着红旗要把自己的威名扬名到世界各地；辅以深色背景，显得十分大气端庄。整个标志采用黄金比例分割，寓意红旗汽车采用精致工艺铸造。

新车标中充满祖国的大好河山，更象征着红旗的胸怀；整个车标看起来也像一面坚实的盾牌，每时每刻都在保护着用户；又像一支箭矢，可攻可守，完美地诠释了红旗对未来战略的明确定位。

三、东风（DFM）/ 风神（Aeolus）

1982 年 2 月 20 日，经原国家工商行政管理局批准，东风汽车的商标名定为“风神”，“双飞燕”图形商标注册。出口汽车的车名为“Aeolus”（风神），风神在世界大多数国家被视为吉祥和美好的象征。

东风/风神车标（见图3–9–7），以艺术变形手法，取燕子凌空飞翔时的剪形尾羽作为图案基础，采用了夸张、含蓄的表现手法，主要含义是双燕舞东风。它格调新颖，寓意深远，使人自然联想到东风送暖，春光明媚，神州大地生机盎然，给人以启迪，给人以力量。圆环又象征人类居住的地球，还象征着汽车车轮不停地旋转，奔驰在祖国大地，冲出亚洲，奔向世界。

图3–9–7　东风/风神车标

四、五菱（Wuling）

五菱车标（见图3–9–8）由五个菱形组成，形似鲲鹏展翅，雄鹰翱翔，给人以强烈的“起飞、腾飞”印象；其上升、腾举之势，寓意企业的飞翔，象征着五菱的事业不断发展。五个菱形组成了字母“W”，与“五”拼音首个字母相吻合。

图3–9–8　五菱（Wuling）车标（右为2020年银色标志）

五菱将沿用多年的红色标志分出银色版本，两者基于同一技术理念下开发满足全球不同市场用户的用车需求，红标扎根中国，银标面向全球。

五、长安（Changan）

长安汽车在品牌上已将原“长安”一分为三：长安乘用车（Changan）、欧尚汽车（Oshan）和凯程汽车（Kaicene）。

长安汽车初期曾使用“长安”和形似音符、河流、公路及CA的图案作为车标（见图3–9–9），意为长安汽车承载着中华民族源远流长的文化，人民安居乐业，长治久安，驶向美好的未来。

原长安微车、商用车车标（现凯程汽车标志），如图3–9–10所示。图形以天体运行轨迹椭圆为基础，捕捉“长安”汉语拼音“CHANG AN”中“C”“A”两个关键字母作为其造型设计的基本元素，经过抽象、组合、变形而成一个永恒运行的天体、一个攀升的箭头、一个精致的转向盘，犹如一辆轻巧的汽车奔行于阡陌纵横的公路之上。标志图形颇似“安”字，椭圆与圆弧、圆弧与圆弧交相呼应，环环相扣，象征公司齐心协力、多元发展的方向。车标简洁、紧凑、圆润、流畅，极具现代感、韵律感和力量感，动静相宜，刚柔并济，圆满之中有突破，给人以活力、高效和奋发向上之感，寓意长安汽车锐意进取、积极创新、勇往直前的精神。

图 3-9-9　长安老车标（1983—1997 年）

图 3-9-10　原长安微车、商用车车标，现凯程汽车（Kaicene）车标（左为旧车标，右为 2016 年新车标）

2006 年 7 月 12 日，长安集团宣布，长安所有自主品牌乘用车将使用新的品牌车标（见图 3-9-11）。

图 3-9-11　长安轿车老车标（2006—2010 年）

长安轿车车标图案由矛与盾组成，在圆润线条修饰和色彩渲染下，透露出长安轿车立足国内、放眼世界的雄心。车标外观是在一个盾形徽章里嵌入一个矛形图案。其一是有字母“A”的寓意，也是“安”字的第一个汉语拼音字母；其二是矛尖，箭头图案代表了速度与突破，寓意长安轿车勇于拼搏，势如破竹的必胜信念；其三是寓意向上的进取之势，表明了长安自主品牌轿车积极进取的态度。另外，盾牌图案代表了稳健与坚韧，安全与呵护，象征长安汽车给用户安全、可靠的品质保证。

长安轿车使用了仅 4 年的盾形车标于 2010 年 10 月 31 日告别历史，新的车标（见图 3–9–12 和图 3–9–13）揭开了神秘面纱。

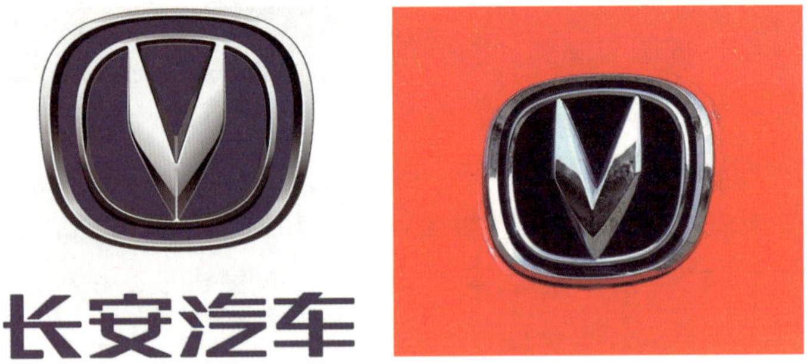

图 3–9–12　长安轿车车标（2010—2020 年）

图 3–9–13　长安轿车新车标去掉了复杂的金属质感（2020 年以后）

长安轿车车标创意来自抽象的羊角形象，充分体现了长安汽车在中国汽车行业“领头羊”的地位。融合、聚集的感觉强烈，表明长安汽车整合多方资源，团队紧密合作，应用发展创新的经营理念和“自强不息、铸造经典”的战略目标。

六、北京（BAIC）

北京（北汽制造、北京越野）汽车老车标（见图 3–9–14 和图 3–9–15）以“北”和“人”字为图形主体，体现“以人为本”的发展理念；椭圆形边框体现正在孕育新的生机，与时俱进。

2010 年 8 月 9 日，北汽正式展示了全新车标（见图 3–9–16）。新车标中，原来的“北”字被简化成两个门把手，意为敞开的两扇大门；车标的外部轮廓为椭圆形。新品牌车标图形外圆内方，是中国天圆地方传统思想的形象化表达和体现。

一个“北”字显示出北汽的渊源，既是千年古都印下的历史胎记，又是魅力北京这座世界城市的开放姿态。“北”代表北京，“北”代表北汽集团，体现出企业的地域属性与身份象征。

“北”字好似一个欢呼雀跃的人形，表明了“以人为本”是北汽集团永远不变的核心。它传承与发展了北汽集团原有形象，呈现出一种新的活力，表达了北汽集团立足北

图 3-9-14　“北京”越野车老车标

图 3-9-15　北京（北汽制造、北京越野）汽车老车标

图 3-9-16　北汽股份 / 北京汽车车标

京，放眼全球的远大目标。

“北”字犹如两扇打开的大门，这扇门传承了历史的厚重，秉承了社会赋予的责任，开放与包容是北汽与生俱来的血脉。它是北京之门、北汽之门，它是开放之门、未来之门。标志着北汽集团更加市场化、集团化、国际化，与集团全新的品牌口号“融世界创未来”相辅相成，表示北汽集团将以全新的、开放包容的姿态启动新的品牌战略。

“北”字像一个有力的臂膀，富于张力。它是北汽作为北京汽车工业支柱的写照，彰显着北汽集团打造中国自主品牌重任的坚定信心与实力。

2019 年 10 月 15 日，BEIJING 品牌正式发布，其品牌名称为“北京”的英文版（中文“北京”品牌已用在越野车上）。英文品牌“BEIJING”，更表达了其面向世界、与时俱进，让中国汽车走向世界的愿景，如图 3-9-17 所示。

图 3-9-17　BEIJING 品牌车标

BEIJING 品牌车标直接使用了“北京”的英文字母，预示着 BEIJING 是一个包容、胸怀世界的品牌。车标中前两个字母“BE”还组成了一个“北”字。采用数字字体，则代表着 BEIJING 以电动化、智能化为基础，面向未来。车标中的“B”字母没有封口，表达出一种开放、包容的精神；“G”没有小甩尾，表达出一种目标坚定、不拐弯抹角、笃定前行的含义。这寓意着 BEIJING 品牌要做一个开放心胸、不拘一格面向年轻人的品牌。

七、奇瑞（Chery）

“奇”有“特别”的意思，“瑞”有“吉祥如意”的意思，合起来就是“特别吉祥如意”。

“CHERY”是英文单词 CHEERY（中文意思为“愉快、欢呼、兴高采烈”）减去一个“E”而来，表达了企业努力追求、永不满足现状的理念。

奇瑞汽车车标（见图 3-9-18）是在原有车标（见图 3-9-19）基础上进行了改进，以一个循环椭圆为主题，由三个字母“C”“A”“C”组成，是奇瑞汽车公司英文名称 Chery Automobile Company 的缩写。

图 3-9-18　奇瑞汽车车标

循环椭圆喻示奇瑞汽车向专注技术、注重品质、依靠科学体系和国际标准流程的战略转型。中间镶有钻石状立体三角形，主色调银色代表着质感、科技和未来。钻石形构图，代表了奇瑞汽车对品质的苛求，并以打造钻石般的品质作为企业坚持的目标。蓬勃向上的人字形支撑，则代表了奇瑞汽车执着创新、积极乐观、乐于分享的向上能量，支撑起品质、技术、国际化的奇瑞汽车不断前行；同时，人字形代表字母“A”，喻示奇瑞汽车追求卓越的决心和激情。

图 3-9-19　奇瑞原有车标（左为 1999—2008 年，右为 2008—2015 年）

八、吉利（Geely）

吉利汽车车标（见图 3-9-20）以原帝豪标志为基础，融入了原有吉利汽车车标（见图 3-9-21）的蓝色，寓意着吉利品牌集聚既往精华，在演进中获得新生。

图 3-9-20　吉利汽车车标（2019 年）

图 3-9-21　吉利汽车曾使用过的车标（1998—2019 年）

这一造型的灵感来自“健康男性的六块腹肌”。六个方格就像男性的腹肌，代表了年轻、力量、阳刚和健康，预示着全新的吉利汽车年轻，充满活力，动力充沛，积极向上，安全健康，将继续保持活力和奋进。盾形形状表达了安全和信赖，蕴含着吉利自创始至今所承载的“安全呵护与稳健发展”的品牌特征。宝石代表永恒的品质，蓝色代表洁净的天空，黑色寓意广阔的大地；双色宝石组合，象征吉利汽车驰骋天地之间，走遍全世界。

九、长城（Great Wall）

长城车标（见图 3–9–22）造型保持了原来长城老车标（见图 3–9–23）的椭圆形整体结构，椭圆底部的盾形长城烽火台，整体外观形似汉字“中”。

车标由两个相对的字母“G”组成“W”造型，“GW”是长城汽车 Great Wall 的英文缩写。椭圆外形是地球的形状，象征着长城汽车不仅要立足于中国，铸造牢不可破的汽车长城的企业目标，更蕴含着长城汽车走向世界，屹立于全球的产业梦想。

图 3–9–22　长城车标现在用在皮卡车上

图 3–9–23　长城老车标（2008 年前）

中间凸起的造型是仰视古老烽火台 90° 夹角的象形，被正中边棱平均分割，挺立的姿态酷似“强有力的剑锋和箭头”，象征着长城汽车蒸蒸日上的活力，寓意着长城汽车敢于亮剑，无坚不摧；凸起部分也象征着立体的“1”，表明企业勇于抢占制高点、永远争第一的企业精神。

十、比亚迪（BYD）

比亚迪名称来源于比亚迪电子公司名称。作为“新能源汽车探路先锋”，BYD 将“成就人类共同梦想”（Build Your Dreams）。

比亚迪车标（见图 3–9–24 和图 3–9–25）给人一目了然的感觉，简洁、醒目，设计体现了其“自然、和谐”的主题，给人一种别样的舒服感觉。银色金属质感，突出了比亚迪汽车的创新科技和企业文化精髓。

图 3-9-24　上图为比亚迪乘用车车标，下图为比亚迪集团和商用车车标（2022 年）

图 3-9-25　比亚迪汽车老车标（左：2003—2007 年；右：2007—2021 年）

新车标在保留极富激情的红色的基础上，三个字母由比亚迪的英文缩写“BYD”变形字体构成，代表比亚迪“Build Your Dreams”的宏伟愿景。乘用车车标中的“B”“D”均取消了竖笔画，更具时代特征；通过字母变形打开了 BYD 三个字母的封闭空间，更显开放，与用户和合作伙伴彼此连接，开启智能汽车时代新价值。新车标继续贯彻“链接、共建、向前”的理念，线条抽象流畅，扁平化设计贴合现代审美，更显简约与时尚，传递年轻化、智能化品牌理念。整体更为圆润大方，呈现出亲和感、开阔感，实现了技术美学与人文情怀的完美结合，彰显比亚迪“以人为本”的理念和用技术解决社会问题、为人类创造美好生活的决心。

第十节　其他著名汽车标志

一、斯柯达（Skoda）

如图 3-10-1 所示，斯柯达（Skoda）汽车车标最外边的大圆圈表示完美的、可以畅销全球的通用产品；圆中的翅膀象征技术进步，包括广泛的生产及世界性的产品销售，并意味着斯柯达将不断地把创新的产品从捷克带到全世界，而斯柯达对汽车技术的执着追求也将永不停歇；翅膀下方的箭头表明生产方式的进步，象征公司无限的创造力和想象力，表达了要实现最高目标的强烈愿望，体现出工作的认真负责、一丝不苟，同时这支飞翔之箭也表达出斯柯达永不停留的创新精神和实现最高目标的强烈愿望；翅膀上的小孔眼则代表生产的精确度、技术的灵敏性。

图 3-10-1　斯柯达汽车车标

二、塔塔（TATA）

如图 3-10-2 所示，Tata 在印度语中代表“大生意，大事业”。塔塔汽车车标图形像一个 T 字，表示塔塔汽车像流动的水，象征着知识的源泉；也可以看作是一棵信任树，人们可以在树下得到保护；还可以看作是高速公路，椭圆是地球，寓示塔塔汽车行驶在世界各地的道路上。

图 3-10-2　塔塔汽车车标

三、世爵（Spyker）

世爵（Spyker）汽车车标是由一个水平的飞机螺旋桨穿越镌刻公司座右铭的辐轮

（见图 3–10–3），以纪念在第一次世界大战中与荷兰飞机厂合并制造飞机这样一段历史。

世爵汽车车标的含义体现了企业的座右铭“执着强悍、畅行无阻”。

图 3–10–3　世爵汽车车标

四、嘎斯 / 伏尔加（GAZ/Volga）

如图 3–10–4 所示，嘎斯 / 伏尔加（GAZ/Volga）汽车车标是具有俄罗斯民族特色的代表。标志设计有橙色背景和一只雄鹿。雄鹿作为标志的要素之一，象征着智慧、希望，也意味着汽车的速度快、质量高。

图 3–10–4　嘎斯 / 伏尔加汽车车标

五、拉达（Lada）

“拉达”一词出自俄语方言“敬爱”“钟爱”之意。如图 3–10–5 所示，拉达汽车车

图 3–10–5　拉达汽车车标

标主要由“L”“D”组成，意为 Lada，其图案像一只清亮的孔雀，更是一艘精致的巡游船的轮廓，预示着拉达汽车一帆风顺。这艘大船又像俄文“BA3”中的“B”，即代表伏尔加汽车制造厂。

六、西亚特（Seat）

如图 3-10-6 所示，西亚特（Seat）是西班牙旅行汽车公司的缩写，西亚特汽车车标是对第一个字母 S 的艺术升华。

图 3-10-6　西亚特汽车车标

七、希斯巴诺 – 苏莎（Hispano–Suiza）

希斯巴诺 – 苏莎（Hispano–Suiza）汽车车标包含许多关于该品牌的历史。最初，标志是飞行的鹳鸟，代表速度和飞行，又指该公司具有生产汽车和航空发动机的能力。如今，新的标志已经得到改进，以反映该公司最新一代汽车的干净线条和技术优势，如图 3-10-7 所示。

图 3-10-7　希斯巴诺 – 苏莎汽车车标

技能训练与实践活动

1. 注意观察道路上行驶的汽车中有无自己不认识的汽车车标。
2. 制作汽车文化展板，组织一次汽车文化活动。
3. 组织参观汽车博物馆。
4. 上网查找并列出 10 种中国自主品牌汽车标志的图案及含义。
5. 讨论：车标的重要性体现在哪些方面？

第四章

汽车与社会

汽车是“改变世界的机器”，是人们日常生活中不可或缺的组成部分，已成为现代文明的象征。

汽车的使用是个性权利的延伸和个人主动性的象征，改变了经济社会结构，形成了一整套新的经济、文化、生活体系，推动了社会的进步。汽车创造了崭新的价值观念和生活内容，整个社会的文化理念、心理素质、道德因素都因此发生了巨大变化。

汽车与社会的关系非常复杂，主要包括促进经济发展、提高生活质量、扩大劳动就业、引起生产管理变革、加快城市化进程等，历经百年的汽车已经深入人类社会的方方面面。

汽车的普及还为人类社会生活创造了许多新生事物，汽车艺术、汽车广告、汽车模特、汽车展会、汽车比赛、汽车旅游、汽车旅馆、汽车俱乐部等已逐渐渗透到人们的日常生活之中，改造着人们的生活方式和传统观念，进而改变城市结构、乡村结构和就业结构，改变人们的区域概念、住地选择、消费结构、商业模式、生活方式和休闲方式，改变人们的社会关系、沟通方式、活动节奏、知识结构以及文化习俗。

第一节　汽车展览

汽车展览是由政府机构、专业协会或主流媒体等组织，在专业展馆或会场中心进行的汽车产品展示展销会或汽车行业经贸交易会、博览会等。

消费者可经由汽车展览会场所展示的汽车或汽车相关产品，感受汽车制造工业的发展动向与时代脉动。汽车厂商则可以通过车展对外宣传产品的设计理念，发布产品信息，了解世界汽车发展方向。

著名国际汽车展览主要有德国国际汽车展（德国国际汽车及智慧出行博览会）、北美底特律车展、瑞士日内瓦车展、法国巴黎车展、日本东京车展、北京国际车展、上海国际车展等。

德国国际汽车展曾经是世界公认的最大规模的国际车展，并向打造成一个移动出行产品和技术的展示平台方向发展，成为“世界绿色高科技移动出行奥运会”；北美车展向来以量产车型首发而闻名（见图 4–1–1）；日内瓦国际车展当初主要以豪华车为主（见图 4–1–2），近年来逐渐变成了全球性的新车博览会；东京车展则是以汽车新技术为主要展出亮点的国际车展；巴黎车展最主要的看点都在概念车上，法国人的浪漫情怀注定在概念车上有更引人夺目的能力，总能给人争妍斗奇的感觉；北京车展具有“展品精、品牌全、国际化”特色，强调合资融洽、全球首发车较多；上海车展展示的高科技车辆较多、中国自主品牌较多，科技感强，参展规模不断扩大，观展人数持续增加。

图 4–1–1　北美底特律车展（以量产车型首发闻名）

图 4–1–2　瑞士日内瓦车展（以豪华车为主）

一、德国国际汽车展

德国是世界上最早举办国际车展的国家。德国国际汽车展的前身为柏林车展，创办于1897年，世界上第一次车展是在德国柏林的布里斯托旅馆举办的，当时仅有8辆参展车辆。在第一次世界大战和第二次世界大战期间德国国际汽车展曾经被迫中断举办。

1951年，柏林车展改到法兰克福举办，故其曾被称为法兰克福车展。

德国国际汽车展是世界规模最大的车展之一，有“汽车奥运会”之称，如图4-1-3和图4-1-4所示。车展每两年举办一届，一般安排在奇数年的9月中旬开展，为期两周左右。参展的商家主要来自欧洲、美国和日本，尤其以欧洲汽车厂商居多。德国国际汽车展的主办单位为德国汽车工业协会（缩写为“VDA”）。

2021年，慕尼黑接替法兰克福，成为德国国际汽车展的主办城市。与以往不同的是，展会以全新名称——德国国际汽车及智慧出行博览会（IAA Mobility），亮相在全

图4-1-3 德国国际汽车展是全球规模最大的车展之一，有“汽车奥运会”之称

图4-1-4 德国国际汽车展有较多的展车来自德系品牌

新地点——德国慕尼黑，以全新形式——展馆展示区、蓝色通道、城市公共展示区，呈现全新理念——从汽车展会向致力于气候中和的360° 移动出行平台转型。

VDA 希望将 IAA Mobility 打造成一个移动出行产品和技术的展示平台，博览会将不仅关注拥有创新技术的新车，也将关注包括自行车、电动踏板车和其他智能公共交通工具在内的许多移动出行解决方案。其融入可持续移动、微移动、智能交通解决方案、创新科技等元素，展示了移动出行从“单一”到“集合”的多元未来。IAA Mobility 可称为“世界绿色高科技移动出行奥运会”，其标志如图 4-1-5 所示。

首届 IAA Mobility 举办时间为 2021 年 9 月 6—12 日（即由以前的 2 周缩短为 1 周），规模较往届要小得多，共有来自全球 32 个国家的 744 家展商参加，吸引了来自 95 个国家的 40 多万名观众，如图 4-1-6 所示。

图 4-1-5　IAA Mobility 标志

图 4-1-6　IAA Mobility 现场

二、北美国际车展

北美国际车展创办于 1907 年，最早叫作底特律车展。1900 年 11 月，位于纽约的美国汽车俱乐部召开了第一届世界汽车博览会，1907 年转迁到底特律汽车城，当时会场设在贝乐斯啤酒花园，小小的展示区中参展的厂商只有 17 家，车辆只有 33 辆。底特律车展原则上每年举办一次，但受第二次世界大战影响，曾在 1943—1952 年间停办。从 1965 年起，展览移师底特律科博会议展览中心。1989 年更名为“北美国际车展”，由底特律汽车经销商协会主办。图 4-1-7 所示为北美国际车展标志。

从1995年起，来自美国和加拿大的约50位专业汽车行业记者组成独立评审团，他们从设计、安全、操作、创意、驾驶舒适度和性价比等方面对汽车进行评估，每年一次评选并颁发北美年度轿车奖和卡车奖。年度轿车奖和卡车奖均在北美国际车展的媒体开放日首日公布。

北美国际车展的展览面积约8万m^2，每届都有50款左右新车型参展。车展吸引大量来自美国其他州以及其他国家的参观者，众多参观者被吸引到车展除了对汽车感兴趣外，还因为车展办得像个大的假日集会，吃喝玩乐一应俱全，热闹非凡。车展每年为底特律带来可观的经济收益，年平均在4亿美元左右。图4-1-8所示为北美国际车展现场。

NORTH AMERICAN INTERNATIONAL AUTO SHOW

图4-1-7　北美国际车展标志

因新型冠状病毒肺炎疫情影响，2020年和2021年北美国际车展停办。2022年北美国际车展不会在传统的1月举行，而是在一个相对暖和的时间，于9月14—25日在美国底特律举行。

图4-1-8　北美国际车展现场

三、日内瓦国际车展

日内瓦国际车展创办于1924年，是欧洲唯一每年度举办的大型车展，是各大厂商首次推出新产品最主要的展出平台，以其众多首次推出的概念车和新车型而闻名，素有“国际汽车潮流风向标”之称。1926年起由非正式协会主办，1947年协会改组为国际车展基金会，1982年起由瑞士政府创立的基金会主办，于每年3月份举行。

日内瓦国际车展（见图 4-1-9）展会面积为 7 万 m^2，每年总能吸引约 30 个国家的 900 多辆汽车参展，有 60 万 ~ 70 万人从全球各地抵达日内瓦参加这一盛会。因新型冠状病毒肺炎疫情影响，2020 年、2021 和 2022 年日内瓦国际车展连续停办 3 年。

图 4-1-9　日内瓦国际车展

图 4-1-10 所示为日内瓦国际车展巴莱斯堡展览会场。图 4-1-11 所示为日内瓦国际车展海报。

图 4-1-10　日内瓦国际车展巴莱斯堡展览会场

图 4–1–11　日内瓦国际车展海报（左：1905 年，右：2012 年）

四、巴黎国际车展

巴黎国际车展起源于 1898 年的国际汽车沙龙会，直至 1976 年每年举办一届。此后，每两年举办一届，逢双数年的 9 月底至 10 月初举行。

1901 年，巴黎国际车展移师巴黎大皇宫，在之后的 60 年中伴随着巴黎国际车展日渐成长和壮大，如图 4–1–12 所示。1962 年，巴黎国际车展移师凡尔赛门展览中心，直至今日这里仍是巴黎国际车展的根据地，如图 4–1–13 所示。

法国的汽车设计一向以新颖独特著称于世，这在巴黎国际车展中显露无遗，使得巴黎国际车展始终围绕着“新”字做文章。与此同时，巴黎国际车展是概念车云集的海洋，各款新奇古怪的概念车常使观众眼前一亮。

图 4–1–12　1901 年巴黎国际车展移师巴黎大皇宫

图 4–1–13　1962 年巴黎国际车展移师凡尔赛门展览中心

巴黎车展展会面积约为 18 万 m^2，每年有大约 270 个品牌参展，参观者最多达 140 万人。2002 年 9 月 28 日—10 月 13 日，有 1 447 753 人参观了巴黎车展，使其创造了吉尼斯世界纪录“世界上参观人数最多的汽车展”。

五、东京国际车展

东京国际车展是世界五大车展中历史最短的，创办于 1954 年，逢单数年秋季举办轿车展，逢双数年举办商用车展。东京国际车展被誉为“亚洲汽车风向标”，对于世界汽车市场有较深厚的影响。

东京国际车展历来都是由日本本土生产的各种千姿百态的小型汽车唱主角。展出的展品主要有整车及零部件，其各类电子三维展示装备让车展的参观者有“头晕目眩”的奇妙感。有趣的是，东京国际车展中的很多车在日本以外的市场都不销售，很大一个原因是它的市场定位太细，在国外找不到相对应的、成规模的市场。1999 年的东京国际车展创下了参观人数多达 140 万的纪录，足见它的热闹程度。

2011 年，第 42 届东京国际车展主会场从以往的千叶幕张国际会展中心，转移至东京国际展览中心，也是该车展时隔 24 年后重回东京，如图 4–1–14 和图 4–1–15 所示。

2019 年，第 46 届东京国际车展由日本汽车工业协会在东京国际展览中心举办，192 家公司和组织参加了此次展会。从 10 月 24 日开始到 11 月 4 日结束，12 天里共有 130 万人参观了展会。

六、北京国际车展

北京国际车展（北京国际汽车展览会）于 1990 年创办，展会成为企业发展战略发布、全方位形象展示的窗口，成为全球前沿技术创新信息交流和品牌推广宣传的平台。秉承“展品精、品牌全、国际化”的办展理念和特色，北京国际车展已成为目前在国际上具有较高

图 4-1-14　东京国际车展（2011 年）

图 4-1-15　日本厂商的多款造型小巧精美的车总能成为东京国际车展的主角

知名度的品牌展览会。北京国际车展伴随着中国汽车工业的成长，见证了中国汽车工业与全球汽车工业融合、交流、跨越式发展的历史。在促进中外汽车业界的贸易合作、技术交流等方面起到了积极的作用。随着汽车发展越来智能、电动化，中国汽车工业已进入高质量发展的新的历史阶段，北京国际车展将全景展现中外汽车工业更具魅力的新风采，如图 4-1-16 和图 4-1-17 所示。

北京国际车展集中展示中外汽车行业当下最前沿的技术与产品，聚焦智能网联、新能源和轻量化等新技术与传统汽车工业结合所带来的创新产品，多角度向观众呈现全球汽车行业在产品升级、品牌升级、产业升级和出行模式等多方面的创新理念和成果，展现对未来汽车生活的美好向往和追求。

图 4-1-16　北京国际车展标志

北京国际车展逢偶数年的 4 月下旬举办，由中国机械工业联合会、中国机械工业集团有限公司、中国国际贸易促进委员会、中国汽车工业协会等联合主办。每届展会举办时间约 10 天，在北京中国国际展览中心新馆举行，总展出面积达 20 万 m^2，来自全球的参展商达千家，来自全球一百多个汽车品牌，展示车辆约 1 000 辆，有上百款新车型参展，吸引观众 50 万人次以上，已经成为全球规模最大的汽车展览会之一。

图 4-1-17　北京国际车展具有国际化的办展特色

七、上海国际车展

上海国际车展（上海国际汽车工业展览）创办于 1985 年，是中国最早的专业国际汽车展览会，同时也是中国第一个被国际展览联盟（UFI）认可的汽车展会。伴随着中国及国际汽车工业的发展，经过多年积累，上海国际车展已成为国际上具有影响力的汽车展览会之一。

2003 年，上海国际车展首次移师上海新国际博览中心，正式步入国际 A 级车展的行列。2015 年，第 16 届上海国际车展正式移师国家会展中心（上海）。

上海国际车展（见图 4-1-18）逢奇数年的 4 月下旬举办，每届举办时间为 7 ~ 10 天，展出面积约 35 万 m^2，全球超过千家知名汽车展商参展，展出整车 1 300 辆，有 100 多款新车型参展，接待观众 80 万人次以上。

图 4-1-18　上海国际车展

第二节　汽 车 色 彩

汽车颜色是汽车的重要包装内容，如同人的衣服一样，它承担着吸引消费者的重要任务。颜色最能影响用户的购买行为，汽车的颜色是汽车厂商重要的市场战略之一。

看似简单的汽车颜色包含着消费心理、文化背景、个性风格等诸多因素。

一、汽车色彩的含义

消费者购买汽车时，首先考虑的主要是车的性能、价格、品牌、类型、质量等，一旦决定了这些后，面临的就是如何选择颜色的问题。

由于诸多复杂因素的影响，不同的人对同一色彩会做出不同的反应。每个人对颜色的解释不尽相同，选择的汽车颜色也不相同。图 4-2-1 所示为涂有不同图案和颜色的轿车。图 4-2-2 所示为涂有不同图案和颜色的公共汽车。

图 4-2-1　涂有不同图案和颜色的轿车

图 4-2-2　涂有不同图案和颜色的公共汽车

如热带地区，日照时间长，光照强度相对较强，因此车身的日照面与背面颜色反差很大，若采用柔和的中间色调就可以消除这种反差，于是人们就会比较喜欢浅色调，如白色、绿色、浅灰色、黄色等。寒冷地区日照时间短，光照强度相对较弱，反差小，可采用强烈的纯色以加强车身造型效果，如枣红色、蓝色、黑色等。

二、基本色与流行色

基本色是指红、绿、蓝三原色，如图 4-2-3 所示。原色又称基色，即用以调配其他色彩的基本色。原色的色纯度最高，最纯净、最鲜艳，可以调配出绝大多数色彩，而其他颜色不能调配出三原色。

流行色是指在一定的时期和地区内，被大多数人所喜爱或采纳的几种或几组带有倾向性的色彩，是时尚的颜色。

2022 年 3 月 4 日，世界最大的汽车涂料生产商（美国 PPG 公司）发布的 2021 年度全球汽车色彩流行报告显示，2021 年全球所销售的汽车中，白色（White）占 35%，黑色（Black）占 18%，灰色（Gray）占 14%，银色（Silver）占 11%，蓝色（Blue）占 8%，红色占 7%，褐色 / 棕色（Brown）、米色（Beige）、黄色（Yellow）、橙色（Orange）、金色（Gold）等自然色（Natural）占 4%，绿色（Green）占 2%，双色（个性化涂装）占 1%，如图 4-2-4 所示。PPG 预测未来蓝色将持续增加，因为蓝色涂装特有的色调、色度和具有层次感的外观可以突显汽车独特的设计，让品牌更具辨识度。蓝色是一种积极乐观的慰藉色彩，给人们以信任、可靠、自信、治愈和希望的感受，而且这种色彩还可以让人们联想到自然、洁净和未来科技。绿色以其自然性、可持续性、包容性等特点，在世界范围内越来越受欢迎，它将继续成为汽车行业的一个重要色彩空间。

汽车流行色在各地区不会一成不变。根据开发制造用于车辆涂料的公司艾仕得发布的 2021 年全球量产汽车色彩流行统计报告，其流行色前三名分别如下：在全球，白色 35%、黑色 19%、灰色 19%；在北美，白色 28%、灰色 21%、黑色 20%；在南美，白色 35%、银色 23%、灰色 19%；在欧洲，灰色 27%、白色 23%、黑色 22%；

图 4-2-3　红、绿、蓝三原色

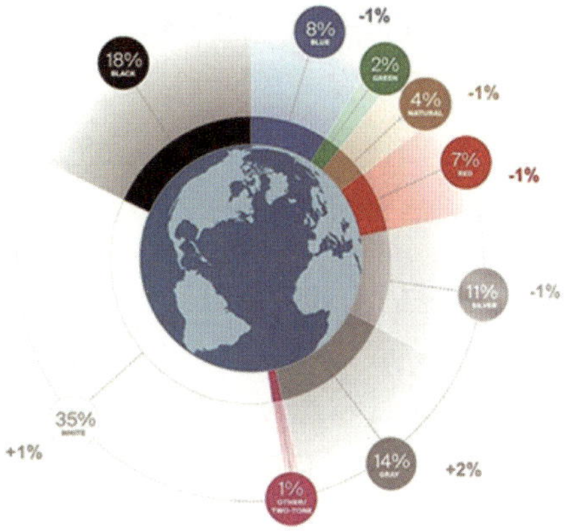

图 4-2-4　PPG 公司发布的 2021 年度全球汽车颜色报告中颜色百分比与 2020 年对比

在非洲，白色 43%、灰色 21%、黑色 11%；在亚洲，白色 45%、黑色 18%、银色 13%。在中国，各种颜色的汽车占比如下：白色 50%、黑色 22%、灰色 14%、蓝色 3%、黄色 / 金色 3%、红色 2%、银色 2%、棕色 / 米色 2%、绿色 1%、其他 1%。

由于消费者需求以及迎合自动驾驶技术的发展要求，白色依然是全球最受欢迎的汽车色彩。白色系还反映了消费者在动荡时期中对极致简约与多用途的强烈需求。此外，对于自动驾驶车辆所需的雷达与激光雷达等新兴技术，白色系还具有高度的兼容性。但近年来，若干地区的白色汽车市场逐渐呈现下降趋势。2021 年，白色汽车的市场占比总体下降了 3 个百分点。

全球范围内黑色汽车市场占比保持稳定，呈现出中性色流行度上升的趋势。灰色和蓝色汽车在各地区的市场占比均有所提升，银色汽车的市场占比在各地呈现下跌趋势。

同时，车辆颜色的喜好受市场和车辆类型的影响，例如，在北美银色是紧凑型车的主导颜色，而黑色是运动型轿车的首选；金属色深受美国和欧洲男性的青睐，而女性更喜欢汽车上的珠光效果。

从车型上看，豪华轿车用得最多的是白色、黑色；中级轿车偏重白色、银色；紧凑型轿车偏重白色、灰色。随着电动汽车的不断壮大，拥有出众本质、堪称跑车经典配色的红色将迎来新一轮的市场发展机遇。MPV 和 SUV 车型中白色最多，蓝色在小型、紧凑车型中的运用显著增加。

丰富的车身颜色的创造来源于设计师的构思及想象力。准确地说，与其说汽车色彩是设计师设计的产物，不如说汽车色彩是设计师想象力的产物。因为汽车是商品，设计师选择色彩时最重要的依据不是他的审美观，而是迎合消费群体的口味，能不能把握住消费群体的心理是一个成功的汽车设计师所必备的最重要的能力。所以，优秀的汽车设计师通常能“设计”出流行色。

汽车的流行色与服装的流行色不同，它不像服装那样一年一个变化，其变化是缓慢的。汽车的流行色在一段时间只是呈现一种增长或者衰减的趋势，而且每一种颜色的延续性很强，例如，白色、黑色、蓝色这些常规颜色在很长时间内的消费比例都不会出现很大的波动。

三、颜色的视认性

颜色的视认性就是颜色醒目与否。越醒目的颜色，就越能引起别人的注意。影响视认性的因素主要有以下几点。

1. 颜色的进退性

根据人们视觉距离的不同可分为前进色和后退色。例如，使红、黄、蓝、绿的轿车与观察者保持等距度，在观察者看来，似乎红色、黄色轿车要近一些，而蓝色、绿色轿车要远一些。因此，红色、黄色称为前进色，蓝色、绿色称为后退色。前进色的视认性较好。

2. 颜色的胀缩性

将相同车身涂上不同的颜色，会产生体积大小不同的感觉。如黄色物体给人感觉会大一些，有膨胀性，称为膨胀色；蓝色、绿色物体给人感觉会小一些，有收缩性，称为收缩色。

颜色还能在人的心理上产生一种造型功能。颜色的造型效果取决于其面积、明度、纯度和匹配等因素。对于三维物体的轿车车身，由于其形体、尺寸及色差所造成的这种影响就更为明显，因此要根据车型来选择颜色。

明度和纯度高的颜色能使车体显得大一些，因此适用于微型轿车。对于大型和中型轿车来说，采用明度和纯度适中的颜色较好。购买大型轿车时最好选择低明度和低纯度颜色，因为这类颜色所产生的压缩效应可以使车体看起来较为紧凑和坚实。有时在车体丰满的豪华车喷上一两种颜色饰条，可使汽车变得“俏丽苗条”起来。

3. 颜色的明暗性

颜色在人们视觉中的亮度是不同的，可分为明色和暗色。红色、黄色为明色，明色物体看起来觉得大一些、近一些、醒目一些；蓝色、绿色等色为暗色，暗色的车型看起来觉得小一些、远一些和模糊一些。

有些视认性不太好的颜色，如果进行合理的搭配，也可提高其视认性，如蓝色和白色相配效果就大为改善。荧光和夜光漆能增强能见度和娱乐气氛，因而被广泛应用于各种赛车、摩托车等。但对于轿车来说，由于荧光颜色过于强烈，目前选用这类颜色的仅限于概念车。

视认性从好到差的排列依次为白色、银色、黄色、红色、蓝色、绿色、黑色。

四、汽车色彩与安全

汽车行车安全性不仅受其操作安全视线等因素的影响，而且还受到车身颜色能见度的影响。视认性好的颜色能见度佳，有利于行车安全。

不同的色彩进入人们的眼帘，不但能使人们产生大小、轻重、冷暖、明暗、远近等感觉，还能引起人们产生兴奋、紧张、安定、轻松、烦躁、忧郁等心理效果。这是人的视觉与各种感觉器官通过大脑神经活动的复杂联系的结果，是人类在长期劳动实践中逐渐形成和完善起来的。例如，红色会使人联想起火红的旗帜；绿色会使人想到无边无际的原野；黄橙色会使人联想起熊熊的烈焰、炽热的太阳；蓝色会使人想起宁静的湖水、阔的海洋。可见不同的色彩会给人带来不同的心理感受，颜色能影响人的情绪、工作效率，同样也能影响驾驶的安全性。

对于一辆汽车的安全性，车身颜色可见度的影响是不容忽视的。可见度是由车辆尺寸大小、光度及颜色的饱和度等因素决定的。

驾驶室内部色彩如何，也会带来不同的心理反应。如色彩过于浓重，会使人感到压抑；如色彩过于灰暗，会使人感到沉闷、忧郁；如色彩过于刺激，会使人感到亢奋、烦躁；如色彩过于艳丽，会使人感到刺目。这些色彩对人的情绪都有一定的影响，不仅会分散人的注意力，还会使驾驶员过早出现视觉疲劳，从而诱发交通事故。

据日本和美国的调查，在发生事故的车辆中，以车身颜色为蓝色和绿色的最多。因为蓝色和绿色为收缩色，看起来比实际尺寸要小，尤其是在傍晚和下雨天，常因为不被对方车辆和行人注意而诱发事故。

开什么颜色的汽车上路最安全？新西兰奥克兰大学科学家对 1 000 多辆各色汽车进行调研后发现，银白色是最佳选择，出车祸的概率最小，而且即使发生交通事故，驾驶员受伤程度也相对较轻，在车祸中遭受重伤的比率比开白色汽车的少 50%。相比之下，开白色、黄色、灰色、红色、蓝色汽车的驾驶员受伤的概率大致相同，而黑色、褐色、绿色汽车最容易发生交通事故，驾驶员受伤的概率是开白色、黄色、灰色、红色、蓝色汽车的两倍。银白色汽车为什么比其他颜色汽车安全的原因目前还不能完全确定，这可能与银白色对光线的反射率较高、视认性较高等因素有关。

五、颜色中的经典车型

在追求个性的时代，颜色往往能代表人的性格，表达人的情绪。

人们对于爱车颜色的挑剔可能源于中世纪时骑士们对于马匹毛色的精心选择。一辆色泽独特的汽车会令人“一见倾心”。

1. 银色

银色具有时代感，是一种低调的奢华。宇航飞行器常用银色，银色车身表现出汽车造型的坚实和流畅，显示出高技术特性的倾向（见图 4–2–5）。银色尽显高雅浪漫风情，将大自然的灵气与动感集于一身，将婉约的古典主义与大气的时尚风格有机地结合起来，并隐含着神秘的美感。在豪华车系里，银色几乎成为首选颜色，似乎永远不会过时。

图 4–2–5　银色奥迪 R8

2. 黑色

黑色给人以庄重、严肃的感觉，唯我独尊、高贵、神秘、富有智慧。黑色代表着财富、权威，表现出坚实、刚劲、庄严和神圣。黑色可以说是一种矛盾的颜色，既代表保守和自尊的一面，又代表新潮和性感的一面。黑色汽车在光线照射下熠熠生辉，庄重中又流露出几分亮丽。黑色具有典型的绅士魅力，尽显雍容华贵，是浪漫与唯美的代表（见图 4–2–6），历经几个时代，也不会在变革飞速的时尚潮流中落伍。国家元首或是贵宾所乘坐的礼宾车大多为黑色车身，原因也正在于此；尤其是在较正式场合或公务用途的车辆，更是非黑色莫属。不过，黑色车身若沾上灰尘或刮伤时会特别明显，且在夏天时容易吸热。

图 4–2–6　黑色奔驰 S600 Pullman

3. 灰色

灰色是永恒、实用、坚固的颜色，给人以朴素的感觉（见图 4–2–7）。汽车代表着动感、力度，金属色应该是最适合的，灰色本身接近金属的颜色，它的硬朗气质会给人带来安全感。不过，灰色有时也会有失落和抑郁的味道。

图 4–2–7　灰色保时捷 911 Carrera

4. 白色

白色是相当中性的，它是纯净、高雅的色调，所以适合在各种不同的场合使用。白色给人以纯洁、清新、平和的感觉，超凡脱俗、一尘不染、典雅大方。仿佛一片纯净的天空，赋予轿车以生命与活力，驾驶时也如行云流水般，那种优雅的线条让人过目不忘。在视觉上，白色会让人更好地去欣赏车身的线条和外形。白色不仅是一种气质的标志，更是汽车与时尚的完美结合（见图 4–2–8）。白色的车比较耐脏，但白色车用久了表面容易泛黄。

图 4–2–8　白色雷克萨斯 SC430

5. 红色

红色给人以兴奋的感觉，能激发欢乐情绪，又表现出车主的活跃个性，让人觉得能量充沛（见图 4–2–9）。激情似火的红色富有感染力；热情洋溢的红色，在阳光映照下即变成一种迷人且闪烁金属光泽的色调，是别致又理想的颜色。一身炫目的红外衣，外形俊朗，内敛中又流露出几丝逼人的豪气，仿佛一个游走的精灵，静似烈火，动如疾风。

图 4–2–9　红色法拉利 430

6. 蓝色

蓝色给人以幽远、宁静的感觉（见图 4–2–10）。蓝色恰如浪漫之约，大海和天空的颜色，延续、深邃、博大。蓝色代表冷静、沉着、理性，代表承诺、可靠、可信，能保持高雅的传统印象，因而车主怀有强烈的责任感，通常对社会感到满意，喜爱和睦的家庭生活，喜欢帮助他人。蓝色是一个持久性很强的颜色，它从不属于鲜艳和霸气，但它的魅力和味道胜在可以历久弥新，不容易使人产生厌倦。

图 4–2–10　蓝色劳斯莱斯 Phantom

7. 褐色

褐色（棕色）给人以稳定、可靠又具亲和力的感觉（见图 4–2–11）。这是地球的颜色，是与自然有关的颜色。在追求返璞归真、崇尚回归大自然的时代里，能代表大自然颜色的褐色能博得人们的青睐。

图 4–2–11　褐色宾利 Arnage

8. 绿色

绿色代表着大自然，给人以青春气息、欣欣向荣的感觉，带来沉静和谐的气氛（见图 4–2–12）。生机盎然的绿色环保时尚，在追求情趣的同时，也不忘彰显与众不同的个性。人们对绿色的爱好，也许与近些年环保组织大力推崇绿色的“第一自然色”有关，从而使绿色汽车受欢迎的势头近年来有增无减。

图 4–2–12　绿色捷豹 XK

9. 黄色

黄色象征乐观、开明和幸福，给人以轻快、明亮的感觉（见图 4-2-13）。黄色车身显得层次丰富、热情洋溢，显现出动感十足的效果。

图 4-2-13　黄色兰博基尼 Murcielago

第三节　汽 车 比 赛

从某种意义上说，汽车诞生后的百余年来，汽车技术得以发展，很大程度上得益于各种汽车比赛对汽车所做的大量试验。汽车比赛不仅是赛车手勇气、驾驶技术和智慧的竞争，在其背后还进行着各大汽车公司之间科学技术的竞争。汽车比赛能够长久不衰的关键所在，是具有先进技术的汽车公司作为技术后盾，拥有雄厚实力的企业集团作为经济后盾，加上热心汽车运动的人们的积极参与。

汽车比赛的形式很多，按参加对象分，有业余和专业两种；按比赛场地分，有赛车场跑道赛、公路赛、山地赛和创纪录赛四大类；按主办单位组织分，更是名目繁多，仅国际汽车联合会（简称国际汽联或 FIA）组织的汽车比赛就有 30 多项，其中最为著名的赛事有世界一级方程式锦标赛（简称 F1）、世界汽车拉力锦标赛（简称 WRC）、达喀尔汽车拉力赛（简称 Le Dakar）、世界汽车耐力锦标赛（简称 WEC）、世界房车杯（简称 WTCR）、电动方程式锦标赛（简称 FE）等。

国际汽车联合会是于 1904 年 6 月 20 日成立的非营利性国际组织，主要致力于协调各国汽车与摩托车组织，帮助驾驶者解决问题并统筹全世界各种汽车与摩托车赛事，其标志如图 4-3-1 所示。至 2021 年年底，其成员国包括全球 145 个国家和地区的 245 个组织。中国汽车运动协会于 1983 年加入 FIA。FIA 是国际奥林匹克委员会成员组织，总部设在瑞士日内瓦。

FIA 通常被人们认为是汽摩车运动的主管组织。1922 年，FIA 将汽摩车运动事项交与国际运动委员会，这个自治组织后来演变为国际汽车运动联合会。1993 年，FIA 重组，国际汽车运动联合会被撤销，其相关事务纳入 FIA 的直接管理之下。

图 4-3-1　国际汽车联合会标志

FIA 主要包括“国际汽车联合会世界汽车旅游理事会”和“国际汽车联合会世界汽车运动理事会”两部分，其主席都由国际汽联主席担任，另外各设一位执行主席。

世界汽车旅游理事会主要负责为汽车使用者解决问题，负责协调道路交通安全、环境保护、消费者权益保护，组织相关活动及旅行事务等；世界汽车运动理事会则主要负责统筹世界各国汽车运动组织，为所有不同种类的赛车运动制定规则，协调安排世界范围内的各项汽车比赛。两个理事会分别设立若干个特别委员会在各自负责的范围内进行工作。

一、世界一级方程式锦标赛（F1）

在相当长的一段时间内，早期的汽车比赛对赛车几乎没有任何规定，比赛的胜负主要取决于赛车发动机功率的大小。因此，为了夺取比赛的胜利，赛车的车主都极力加大发动机的功率。这种做法虽然可以激发人们钻研技术的积极性，对促进汽车技术发展有其积极的意义，但对比赛本身来说是不公平的。

在作为赛车活动的权威组织国际汽车联合会于 1904 年创立后，认识到有必要对赛车活动加以规范，以保护车手和观众的安全，以及使赛车活动向着能为道路汽车的发展作出贡献的方向发展，于是赛车被不断加以规范化，才有了“方程式”的规定。

1. F1 的起源

方程式原文含义是指竞赛规范，即赛车要依据国际汽车联合会下属机构世界汽车运动理事会所颁发的规则制造，包括赛车的基本长度、宽度、最小质量、发动机排量的大小、轮胎的尺寸等。

首场 F1 比赛始于 1950 年 5 月 13 日，在英国银石赛车场举行。当时，参赛的车手仍沿用 1947 年由 FIA 制定的规则，赛车可搭载 4.5 L 非涡轮增压或 1.5 L 涡轮增压发动机。图 4-3-2 所示为早期的 F1 赛车法拉利 125。

图 4-3-2　早期的 F1 赛车法拉利 125（1950 年）

银石赛道曾是一个军用机场，当时吸引了英国皇室亲临观看，国王乔治六世还接见了参赛选手。意大利车手朱塞佩·法里拉为阿尔法 – 罗密欧车队赢得了第一个 F1 大奖赛冠军，同时他也是当年的车手总冠军，即 F1 历史上第一个车手分站冠军和年度总冠军获得者。

初期，F1 每年只举行 7 ~ 9 站（场）比赛；20 世纪 80 年代后期，每年增加至 16 站或 17 站；2022 年破天荒地增加到了 23 站。F1 比赛通常安排在每年的 3—11 月，分别在一些国家主要城市的不同场地举行，比赛名字就取举办地的名字，如 ××× 大奖赛。现在，通常只有大奖赛才有 × 级方程式之说，反过来说，只有 × 级方程式锦标赛才能叫“大奖赛”。图 4-3-3 所示为 F1 标志。

图 4-3-3　F1 标志

F1 之所以风行全球各地，主要因为它是目前世界上速度较快（平均速度超过 200 km/h）、费用最昂贵（每辆赛车超过数百万美元）、技术要求最高及最吸引人（每年超过 200 万人的现场观众，超过 200 亿人次的电视观众）的汽车比赛。

F1 是目前世界上赛车运动中最精彩刺激、影响最大、现场观众最多和电视收视率最高的赛事，因此与世界杯足球赛、奥运会并称为世界三大赛事。

在 F1 赛车上应用了最先进的理论、最精确的计算技术、最优秀的设计方法、最新的材料、最完备的制造工艺和测试手段。F1 赛车无疑是最尖端的科技结晶；同时，F1 汽车竞赛又促进了汽车技术的发展。

F1 汽车竞赛是最精彩、最激动人心的比赛，因此各汽车制造公司和商业机构十分重视这个机会，使赛场同时成为商业竞技场。汽车厂商和赞助商每年在 F1 汽车竞赛上的总投入超过 10 亿美元。

从某种意义上来说，在 F1“万马奔腾”的壮观场面背后，汽车赛的宏伟气势是用金钱堆起来的。

2. F1 车手

要成为一名 F1 车手，必须获得 FIA 签发的“超级驾驶执照”，根据车手在低级别（F2、F3、GP2、GP3、IndyCar 等）比赛中的成绩并进行严格考核，才能取得资格。每年全世界拥有这种执照者不到 100 人。车手在获准参加 F1 比赛前，必须与参赛车队签订严格、有效的合同。

F1 大赛对车手有很苛刻的要求，使许多爱好赛车的人终生对其望尘莫及。不过，作为 F1 车手，一旦在比赛中获胜，那么，一夜之间他就会成为年轻的富豪，因为获得冠军后的奖金高达数百万美元。

特别是名车手的年薪十分可观。1995 年，车手迈克尔・舒马赫从贝纳通车队转至法拉利车队。1999 年，舒马赫成为“第一富豪”，薪水加广告收入总计高达 5 880 万美元，这足以使舒马赫成为当年全球收入最高的体育明星。舒马赫是 F1 历史上的“七冠王”。第二位“七冠王”刘易斯・汉密尔顿 2022 年的年薪为 4 000 万美元（2020 年总收入高达 7 600 万美元，不包括代言费收入为 1 600 万美元）。

2021 年 11 月 16 日，F1 阿尔法・罗密欧竞速队宣布，周冠宇将作为该队两名车手之一参加 2022 年赛季的 F1 比赛。周冠宇成为中国第一位 F1 正式车手。

3. F1 赛车

F1 赛车必须有 4 个轮子，车身不能盖住轮子（即所谓的“开轮式”）。变速器的前进挡最多为 8 个，必须有倒挡，一辆赛车的变速器必须连续使用 5 站。比赛中，2022 年起包括赛车和其他添加物品在内的总质量，其最低质量将从 752 kg 增加到 798 kg。油箱必须是可变形又撞不破的，是用凯夫拉尔强化橡胶制成，出油管必须是自动断油式。自动启动系统和自动变速器都被禁止使用，车手们不能再依靠于电子系统的帮助。

F1 赛车的速度很快，可以在 2.5 s 内从静止加速到 100 km/h，在 5 s 内达到 200 km/h（威廉姆斯车队在蒙扎赛道比赛中跑出了 369.7 km/h 的车速，本田车队先在莫哈韦沙漠机场跑出了 415 km/h 的车速），为了降低行驶速度，1989 年 FIA 决定禁止采用涡轮增压发动机，1995 年又把发动机排量由 3.5 L 降为 3.0 L。

从 2006 赛季起限定发动机最多为 8 缸、2.4 L；2014 年又改为 1.6 L 单涡轮增压 V6 发动机（见图 4–3–4）。不允许采用转子发动机。比赛时发动机最高转速由过去的超过

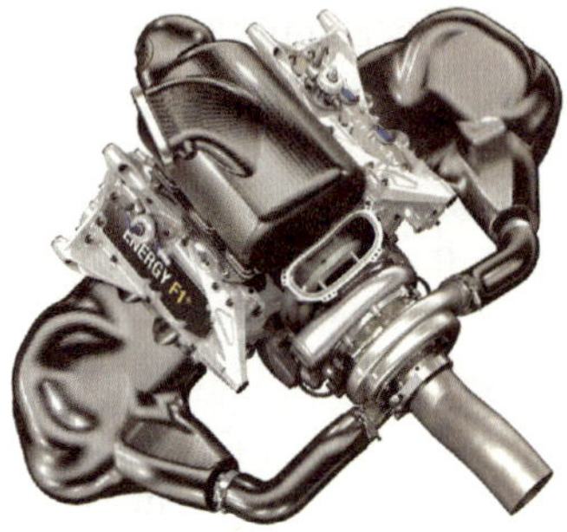

图 4-3-4　F1 赛车发动机

21 000 r/min 限制到 15 000 r/min。发动机功率输出为 550 ~ 735 kW。从 2022 年起，发动机燃料中的生物燃料（乙醇）比例将提升至 20%；计划在 2025 年推出由 100% 可再生燃料驱动的下一代动力装置。

4. F1 的投入

F1 首先是对比资金投入的能力（吸引赞助商支持的能力），其次是科研开发能力（汽车厂商对发动机与底盘的研发能力），最后是车队的经营能力（由赛车改装技术、经营经验、成绩所决定），最后才是车手能力的体现（身体素质、驾驶技术、经验、心理素质和成绩表现）。在 F1 项目竞争当中，资金投入多少几乎成为决定胜负的唯一因素。尽管 F1 车手在一场比赛当中大量消耗体力，他们的体质、技能和智力也是运动员当中最优秀的，但是他们却仅仅承担这个项目“接力”的最后一棒，这也就是为什么 F1 世锦赛不可能以“竞技体育项目”进入奥运会的根本原因。

一辆赛车在比赛中取胜的因素，发动机占 30%、底盘占 25%、车手占 25%，而燃油和轮胎各占 10%。

5. F1 锦标赛

目前的 F1 锦标赛有两项内容，即“车手世界冠军”和“赛车制造厂家世界冠军”（又称世界冠军车队）。车手世界冠军和冠军车队是依每年、每个车队、每辆赛车的得分累计决出的，前十名得分分别是 25 分、18 分、15 分、12 分、10 分、8 分、6 分、4 分、2 分、1 分。假如比赛在未达全部赛程 75% 时被迫中止，则积分必须乘以 1/2。车手全年成绩与车队一样，是将全年各站比赛的得分相加。如果全年各站积分相同，则获分站比赛冠军次数多者取胜，如分站冠军次数仍相同，则再比获得分站第二名的次数，以此类推，最后分出胜负。

汽车制造厂家要参加 F1 锦标赛时，厂家必须向国际赛车联合会提交申请，并证明自己有足够的实力参加比赛。车队必须参加所有各站比赛，一支车队不能在赛季中途加入锦标赛。如果一支车队误了一次比赛，那么每辆车须交 20 万美元的罚款。

以前，车手的号码是根据车队上个赛季的成绩排序分配给车队的。从 2014 年开始，

F1 车手可以在其整个 F1 生涯中使用固定的编号（2 ~ 99 号，但 17 号被封存），卫冕冠军有权使用 1 号。从此，“13”这个被认为是“不吉利”的号码首次重返 F1。

每站比赛通常是 3 天时间。

星期五上午 10 点第一次练习赛 60 min，下午 2 点第二次练习赛 60 min。

星期六上午 11 点第三次练习赛 60 min。下午 2 点开始排位赛：第一节 18 min，所有的 24 辆参赛车辆允许参与排位赛，最慢的 7 辆赛车将被“淘汰出局”，将从正赛的第 18 名至第 24 名发车。第二节 15 min，淘汰 7 名车手，将从正赛的第 11 名至第 17 名发车。第三节 12 min，10 位车手成绩最快者便可获得杆位，其余 9 位车手将名列第 2 ~ 10 位起跑。

每站比赛从周五练习赛到周日正式比赛期间，每个车手只能使用同一套发动机，即使使用备用赛车也被视为更换发动机。如果在排位赛之前更换发动机，那么该车手在周日正式比赛的发车位置将根据其排位赛成绩向后顺延 10 位。如果再次更换发动机，那么该车手将最后发车。另外，在排位赛结束之后正式比赛开始之前车手更换发动机，也将在正式比赛时最后一位发车。

星期日下午举行正式比赛，一般是当地时间 14 点。夜间比赛时间：新加坡是当地时间 20 点，阿布扎比是当地时间 17 点。参加正式比赛的赛车每站不得超过 24 辆；每个车队的两辆赛车颜色必须完全一致。在排位赛中跑得最快的赛车在起跑路段上靠前面第一个拐角内侧最前面的位置上，这是起跑后在第一个拐角抢占领先地位的最佳位置。排位赛中第二名的赛车排在第一名的对侧。第三名排在第一名后面，第四名排在第二名后面，其余车辆以此类推。左右两列赛车相隔 8 m，前后两车相隔 4 m。如果两辆以上的赛车最快圈所用时间相同，则率先跑完计时赛的车手占先。赛车在赛道上的排位相当重要，排在前面的车手将有抢先拐第一个弯道（优先使用内弯）的优势。

图 4–3–5 所示为赛前准备。在预定起跑时间前 30 min，赛车离开维修站，在起步顺序的固定位置停下，关掉发动机。距比赛开始前 15 min，维修站通道封闭，但留在维修站内的赛车仍可从起跑线后面进入跑道。前 10 min，除车手和机械师外，其他人员必须一律撤离赛车。距比赛开始 5 min 时，如有车手因热胎圈而延误时间，则须从检修出口出发。检修通道关闭，场上空位不可填补。前 1 min，赛车可启动发动机预热；赛车发动机启动前 15 s，所有人员必须撤离赛道。挥动绿旗，赛车便起步进行最后一圈热身，但中途不准超车，也不准更换赛车。一圈之后仍按原顺序排好，静待即将开始的决战。前 5 s，发令员亮出 5 s 计时板，5 盏红灯随后逐一点亮，表示即将起跑，1 ~ 9 s 内（这个间隔是由赛事启动者事前安排好的，但是在开赛前保密）5 盏红灯同时熄灭，比赛开始（见图 4–3–6），赛车犹如离弦之箭，急速向前飞驰。

每个起跑的栅格线都装备了电子传感器。如果哪辆赛车在启动信号（5 盏红灯同时

图 4-3-5　赛前准备

图 4-3-6　比赛开始

熄灭）之前移动，传感器就会传送信号到控制塔的中心控制单元，比赛组织者通常会给抢跑的赛车手一个“时间处罚”——通过一次维修站。

换胎是 F1 赛车进站的重要目的。那么，这些“规定动作”又是怎样完成的呢?

换胎是维修站里完成最快的一个项目（见图 4-3-7 和图 4-3-8），这要归功于一家意大利公司发明的换胎枪。使用这支“枪”，可以快速装卸固定轮胎的螺母。现在，每个车队都为自己的“枪”制造专用的插槽，以适应自己赛车上固定轮胎的螺母。同时，为了防止螺母脱落，不同螺母装置的位置也是有讲究的：右旋螺纹的螺母装在赛车右侧的轮胎上，而左旋螺纹的螺母当然只能选择左侧了。由于这些工作人员都是配合默契的高素质人才，所以成功地换一次胎只需 6 ~ 8 s（最快的是 2016 年欧洲大奖赛的威廉姆斯车队，换胎时间仅为 1.92 s）。

从 2010 赛季开始，F1 取消了比赛中途加油，所有赛车不得中途加油。

图 4-3-7 维修站的“疯狂”

图 4-3-8 换胎、维修一气呵成

在一站比赛中，赛程为 300 ~ 310 km（摩纳哥除外；最长与最短的赛程分别为日本站的 310.352 km 与摩纳哥站的 262.626 km）；比赛时间被限制在最多不超过 3 h（2012 年以前为 2 h）。最先通过终点的赛车为分站冠军。

二、世界汽车拉力锦标赛（WRC）

1911 年，摩纳哥首次举行从欧洲十国首都到该国最大城市蒙特卡罗的长途汽车越野赛。这次比赛以 Rally（译音“拉力”，意为集中、集合）命名，从此 Rally 就获得了汽车长途越野赛的新义。Rally 译成“拉力”，无论是读音还是含义都较为贴切，是一种道路条件差、行驶环境恶劣的长距离高速度汽车竞赛，是一种检验车辆性能和质量，考验驾驶技术的长途比赛（见图 4-3-9）。

世界汽车拉力锦标赛（WRC）是一项由国际汽联组织的，以全世界为范围的级别最高的拉力系列赛事，其标志如图 4-3-10 所示。第一场赛事于 1973 年举行。每年有超过 10 亿人次通过电视转播或其他媒体观赏这项世界顶尖的赛事。2012 年 WRC 在蒙特卡罗开赛（见图 4-3-11）。

图 4-3-9　拉力赛的危险性

WRC 包括“车手世界冠军”（1973—1976 年未设该奖项）及“车厂世界冠军”“车队世界冠军”3 个不同的最高奖项。WRC 全年在各国比赛，每个分站产生一对车手和领航员分站冠军，全年各分站成绩总积分最高的一对车手和领航员成为当年年度的车手世界冠军。

图 4-3-10　世界汽车拉力锦标赛标志

图 4-3-11　WRC 通常在蒙特卡罗开赛

系列赛包括不超过 16 场的分站赛，每场分站赛又被分为 15 ~ 25 个全封闭赛段。

WRC 的比赛方式很特别，分站赛为期 3 天，总比赛里程约 1 500 km。由于赛道是由普通道路组成的，所以不像封闭赛车场那样一路跑完，WRC 赛道通常是由分布在一个地区的许多段道路组成的（见图 4-3-12），赛车必须跑完一段赛道后再开往下一段赛道进行比赛，如此一天跑几个赛段，连续跑 3 天才算跑完比赛。

图 4-3-12　WRC 在各种路面上比赛

赛段分为计时赛段（SS，Special Stages）与行驶路段（RS，Road Section）。SS 是在封闭管制的路段上车手用尽量少的时间完成比赛。一个阶段通常规划有 5 ~ 10 个 SS 路段，长度通常在 10 ~ 50 km 之间；SS 路段的规划总长度以 400 km 为限。不同的 SS 路段间则以 RS 路段相连接，通常 RS 路段就是一般的道路，因此必须遵守比赛当地的交通法规。

为了便于观众欣赏比赛和电视转播，从 2011 年开始还设有一个超级赛段（Super Special Stage）或者叫加分赛段（Power Stage），这个赛段采用双车竞发方式，比赛过程异常精彩。超级赛段的路段长度规划通常只有 2 km，而且大多是在人工搭建的赛道上进行，是整个比赛中最短的计时赛段，但对观众的吸引力却是最高的，因为观众可轻松地在观众席上欣赏拉力赛中看不到的两车同场竞技的画面，而且不必受风沙之苦。这个赛段是比赛的最后一个赛段，一般在电视上要至少进行 30 min 的直播。赛段时间会加进车手的总时间里，在这个赛段夺得前五名的车手，将分别获得 5、4、3、2、1 的积分。

2022 年，世界拉力锦标赛开始推出“拉力 1”（Group Rally1），以替代自 1997 年以来以各种形式存在的世界拉力赛车。拉力 1 赛车将是首款在 WRC 中采用混合动力技术的赛车，将混合 100 kW 电动机和 3.9 kW · h 的电池，结合原有的内燃机组成动力单元。在进行重大规则变更的同时，继续保持与其公路原型车极为相似的特点。这些赛车将保持四轮驱动，但配备更简化的五挡变速系统（以前为六挡）。每年每辆车最多允许使用 6 组变速箱。参赛车队将使用可持续性非矿物燃料（通过合成可生物降解配方生产出的 100% 可持续燃料）。

混合动力车型参赛新时代的开启是 WRC 赛事迄今为止最大的技术进步之一，这意味着赛车的性能有了更大的提升。

一支世界拉力车队通常包括 40 名成员在分站赛期间工作，另有 60 ~ 100 名成员留守在车队基地。

参赛车手由于赛程相当远且路况复杂，因此 WRC 赛车由两人搭档驾驶，主驾驶为车手，副驾驶为领航员。领航员会依据先前记录的路书向车手提示弯道、路况等比赛信息，而车手则依靠领航员的指示以最快且安全的速度将赛车驶向终点。与一位车手驾驶一辆赛车相比，WRC 赛车除了考验车手与领航员的专业技术外，更考验两人的默契合作。根据所有赛段的时间总和，结合在各个集结点有无超时或提早报到等情况的处罚记录，时间最少者获胜。

世界汽车拉力锦标赛的积分系统分为两种：车手积分与车队积分。车手积分依照每站的名次决定分数，前十名将获得积分，分别为 25、18、15、12、10、8、6、4、2、1。车队积分是将车队下所有的车手积分累计所得的分数。

通常 WRC 比赛路段不能少于行驶里程的 2/3。汽车所经过的路线中，有严寒的雪地、泥泞的荒野、炎热的沙漠、雨林与沼泽等，旅途历尽艰辛（见图 4–3–13 和图 4–3–14）。比赛中，如遇到恶劣天气，更是雪上加霜，故障抛锚、深陷泥沼、雪地打滑、碰撞翻车事故屡见不鲜。许多汽车丢盔弃甲，满身泥泞，中途退出比赛者也不在少数。虽然车速没有 F1 快，但是车辆驶过时会带起滚滚烟尘，而且还会出现跳跃、侧滑等惊险画面，更具有欣赏性。另外，拉力赛要求车手的驾驶技术非常全面，不仅要有在沥青路面高速驾

图 4–3–13　拉力赛汽车变“轮船”

图 4-3-14 在崎岖山路上比赛是 WRC 的一大特色

驶的技术，还要具备砂石路、泥泞路、土路、冰雪路等各种复杂路况上的高速驾车技术。所以，拉力赛对车手的考验是其他赛事选手所没有的。因此，拉力赛的特殊魅力是吸引许多选手参加的一个重要原因。

WRC 都是以人们日常使用的车为原型车，与人们的生活息息相关。从这一点上看，WRC 更加深入人心，备受关注。

作为全球最具影响力的系列赛事，尤以 WRC 几乎跨越全年的赛程安排以及赛车和赛道的“亲民性”（不用买门票）而著称。在山花烂漫的崎岖山路上比赛是 WRC 的一大特色，漫山遍野的观众更为比赛增添了活力和激情（见图 4-3-15）。也正因如此，WRC 才得以在赛坛上有如此巨大的声势和地位。2004—2011 年连续 8 次夺得 WRC 冠军的车手是塞巴斯蒂安·勒布。

图 4-3-15　漫山遍野的观众为比赛增添了活力和激情

三、达喀尔汽车拉力赛（Le Dakar）

1976 年，一个名叫蒂耶里・萨宾的法国人参加了非洲阿比让到尼斯的赛车赛，中途他在利比亚的沙漠中迷了路，碰巧与一队柏柏尔人擦肩而过，萨宾在两种文明的碰撞中对沙漠有了深刻的感悟。回到法国后有个念头一直在他脑海里挥之不去，他想将更多的人都送到沙漠里去感受一下那种浩瀚，要与更多人分享这种激情。他设想了这样一段路程：从欧洲出发，穿越所有神话中的沙漠，最后在塞内加尔的达喀尔（Dakar）结束。

1978 年 12 月 26 日，圣诞钟声已经敲过，有一批大胆的夜游者看到巴黎埃菲尔铁塔附近集结了成群的车辆。轿车、摩托车、越野车、卡车整装待发，即将从这里迈出叱咤撒哈拉远征的第一步。塞纳河畔的埃菲尔铁塔披上银装，显得格外威严（见图 4-3-16）。第一届达喀尔汽车拉力赛由 170 名赛车手揭开序幕。赛车手们和“坐骑”乘上了巨轮，横渡地中海，抵达阿尔及利亚，开始第一场角逐。

首届达喀尔汽车拉力赛不分类别，摩托车、轿车、越野车、卡车一视同仁。比赛中没有车厂介入，跃跃欲试的大都是业余选手。拉力赛一开始，摩托车便出尽风头，吸引了无数车迷（见图 4-3-17）。首届拉力赛便发生了伤亡事故，摩托车尤为严重，发生了坠车、骨折、丧生事故；沙漠的狂风暴雨使赛车手迷失方向，弃车而归。赛车手疲惫不堪，诅咒、抱怨、发誓不再返回这沙海地狱。可是，在痛苦、疲劳过去以后，他们又重新返回赛场。

现在，达喀尔拉力赛是一种多车种、分级别的超大型比赛，分为摩托车组、全地形四轮摩托车组、乘用车组、全地形汽车组和卡车组；2021 年增加了新的达喀尔经典组（2000 年之前制造的乘用车和卡车，或按照 2000 年之前的原始规格制造的新车）；2022 年新增了 T1-E 新能源组别。达喀尔汽车拉力赛的标志如图 4-3-18 所示。

“参与者的一次挑战，旁观者的一个梦想”，这是达喀尔汽车拉力赛创始人蒂耶里・萨宾对它的描述。为了完成这个梦想，每年都有数以百计的热爱冒险、不甘寂寞的人，一往无前、不计代价地走进茫茫大漠，参加达喀尔汽车拉力赛，既要经过砂石、沙漠、泥泞、草原、农田等各种地形，又要经受高温、沙暴的残酷考验。

图 4-3-16　达喀尔汽车拉力赛在塞纳河畔的埃菲尔铁塔旁出发

图 4-3-17　早期的达喀尔汽车拉力赛中摩托车出尽了风头

达喀尔汽车拉力赛以路程漫长、条件艰苦而闻名于世界（见图 4-3-19、图 4-3-20 和图 4-3-21）。各地的优秀赛车手和汽车制造厂商都将能征服这困难重重的比赛视为他们的最高荣誉。达喀尔汽车拉力赛所需的不仅是熟练的驾驶技术，更需要勇气和胆量，是一次耐力和意志力的考验。这条困难重重、气候恶劣的道路，似乎是当今世界各国优秀赛车手和雄心勃勃汽车制造厂商摘取最高荣誉桂冠的必经之路。

人类千万年都在与自然界抗衡，向大自然挑战，达喀尔汽车拉力赛是征服自然的一种方式。达喀尔汽车拉力赛的车手不畏惧大自然的恶劣条件，他们是人类挑战大自然的勇士。车手们做这样的选择，表达的是一种人生态度、一种境界、一种生存方式和永不止步的探险精神。

达喀尔汽车拉力赛已经不能简单地称为一项体育运动，而是实实在在的探险活动，人和车辆在原始沙漠深处艰难地行进，日复一日，体力消耗得近乎衰竭，精神极度疲惫，意志受到严峻挑战；车上的机器在超负荷地运转，每天都有人垮下来，不能继续征程；茫茫沙漠中，多处可见被丢弃的损坏乃至烧毁的汽车残骸。可是后来者却不屈不挠，顽强地向着似乎是遥不可及的目的地奋力前进。

图 4-3-18　达喀尔汽车拉力赛的标志

图 4-3-19　在原始沙漠深处艰难地行进

图 4-3-20　在原始的巨大沙丘间艰难地行进

图 4-3-21　达喀尔汽车拉力赛常常是在没有道路的地方举行

拉力赛持续 3 周，竞技者来自四面八方，80% 左右的参赛者为业余选手。电视、电影、体坛明星以及其他社会名流在赛程中抛头露面，其他赛车运动员也时常前来寻找驾车的机会。2003 年，首次有中国车手参赛。

相对于 WRC 赛事的维修区而言，达喀尔汽车拉力赛更为“奢侈”。由于维修队不像 WRC 那样可以通过一般的公路提前到达指定的区域等待赛车前来检修和补给，因此，每个车队都会包租专机携带所有的配件、给养和维修技师，在赛车到达之前飞抵指定区域（多为简易机场）。几十架分别画满了各自车队标志的飞机停在一起，其场景蔚为壮观。当贴满同样标志的赛车来到维修区，便会集中到机翼下进行维修和补给。这时，赛车如同小鸟在大鸟（飞机）的羽翼下休息一样，别有情趣。所以，除了比赛极具观赏性以外，达喀尔汽车拉力赛的维修区也是非常值得一看的（见图 4-3-22）。

图 4-3-22　达喀尔汽车拉力赛的维修区

由于不管起点怎么变，终点总是在达喀尔（第 14 届、第 22 届除外），习惯中人们总是把这项赛事称为达喀尔汽车拉力赛（Le Dakar Rally）。“达喀尔”已经成为这项赛事的代名词。因早期多在巴黎发车，所以曾称为巴黎 – 达喀尔汽车拉力赛。不过，鉴于安全问题，从 2009 年开始，达喀尔汽车拉力赛暂时撤离了非洲，移师南美洲；自 2020 年以来，比赛在沙特阿拉伯进行。“达喀尔”已经成了这项赛事的代名词，成为一个标志。

从 2022 年开始，国际汽联成立新的世锦赛——FIA 跨国越野拉力世界锦标赛，达喀尔拉力赛的营运商法国 ASO 公司成为官方运营商。世界冠军将奖励给全场的冠军车手、领航员和赛车制造商。比赛计划最多设 5 站，达喀尔拉力赛成为该赛事的揭幕站。

四、世界汽车耐力锦标赛（WEC）

1. 赛车的分组

世界汽车耐力锦标赛（WEC）由“最伟大的汽车赛”勒芒 24 小时耐力赛演变而来。2011 年 6 月 9 日，FIA 和法国西部汽车俱乐部同意共同打造世界耐力锦标赛这项赛事。WEC 于 2012 年开赛，图 4-3-23 所示为世界汽车耐力锦标赛标志。

世界汽车耐力锦标赛参赛的赛车包括专门为比赛打造的勒芒原型车（LMP，Le Mans Prototype）、勒芒超级跑车（LMH/LMDh）和基于量产的高性能豪华旅行轿跑车（GT，Grand Tourers）改装而成的耐力赛车。

图 4-3-23　世界汽车耐力锦标赛标志

锦标赛分为四个组别：勒芒超级跑车组（LMH/LMDh，替代 2021 年前的 LMP1）、LMP2 原型车组、GTE Am 组和 GTE Pro 组。

LMH/LMDh 组赛车号码为红色背景上的白色数字，赛车号码为 1 ~ 25。

LMH（Le Mans Hypercars）是于 2021 年开始的 WEC 超级跑车级别的原型赛车，LMDh（Le Mans Daytona h）是于 2023 年开始的 WEC 超级跑车级别的原型赛车。

由 ACO 联合 FIA 制定的 LMH 赛车，性能基准与 LMDh 赛车保持一致。汽车质量最低为 1 030 kg，发动机和混合动力系统的联合功率峰值为 500 kW，单一车身套件，单一轮胎供应商，以及全球性能平衡系统（BoP，Balance of Performance）。按照事先定下的计算方式，通过调整车重、动力水平、车身高度和空气限流装置等手段，尽可能让参赛车辆竞争力接近，以平衡 LMDh 和 LMH。

2023 年，LMH 和 LMDh 赛车将在 WEC、北美国际汽车运动联合会卫士泰克跑车锦标赛两大赛事中扮演最高组别赛车的角色，两类赛车将在一套性能平衡体系下直接交锋，争夺诸如勒芒 24 小时耐力赛、戴通纳 24 小时耐力赛等著名耐力赛事的胜利。首次能够使用相同规格的赛车在世界各地的耐力赛事中争夺冠军，这是几十年来欧洲和北美顶级赛车比赛中从未有过的。

如图 4-3-24 所示，丰田 GR010 是为 2021 赛季开发的勒芒超级原型赛车，车长 4.90 m，车宽 2.00 m，车高 1.15 m。它采用强劲的四轮驱动赛车混合动力系统，配备

3.5 L、V6 双涡轮增压发动机，为后轮提供 500 kW 的功率，并在前桥上与 200 kW 的发电机组相配合。赛车输出功率上限为 500 kW，这意味着精密电子设备会根据混合动力的电能减少发动机的输出功率。

图 4-3-24　LMH 赛车丰田 GR010（2021 年勒芒 24 小时冠军车）

LMP2 组只允许私人车队参加，LMP2 赛车和 LMP1 组原型车在尺寸、封闭式座舱等配置上相近，动力稍逊但却更为轻便。只能使用来自量产车的发动机，自然吸气 8 缸汽油机最大排量 5.0 L，涡轮增压 6 缸汽油机、最大排量 3.2 L；最大载油量 75 L；车长 4.65 m，车宽 2.0 m，车高 1.03 m；赛车号码为蓝色背景上的白色数字，赛车号码为 26 ～ 49。图 4-3-25 所示为 LMP2 组赛车普拉加 – 路特斯（Praga–Lotus）。

图 4-3-25　LMP2 组赛车普拉加 – 路特斯（Praga–Lotus）

LMP2 组不带发动机的原型车的封顶单价为 507 650 美元。

从 2017 年开始，所有 LMP1 和 LMP2 原型车必须采用封闭式驾驶舱。

GTE Pro 组是由专业车手驾驶的新款量产改装车，允许封闭座舱以及开放式座舱，2 车门，2 或 2+2 座席；只能使用来自量产车的发动机，自然吸气 8 缸汽油机、最大排量 5.5 L，涡轮增压 6 缸汽油机、最大排量 4.0 L。赛车号码为绿色背景上的白色数字。图 4-3-26 所示为 GTE Pro 组赛车法拉利 458。

图 4-3-26　GTE Pro 组赛车法拉利 458

GTE Am 组规定赛车手只能有 1 名专业车手，其余必须是有 1 年参赛经验的业余车手。赛车必须是车龄大于 12 个月的旧款车，赛车规格同 GTE Pro；赛车号码为橙色背景上的白色数字。图 4-3-27 所示为 GTE Am 组赛车保时捷 Porsche 911 GT3 RSR。

图 4-3-27　GTE Am 组赛车保时捷 Porsche 911 GT3 RSR

GTE Pro 组和 GTE Am 组赛车最低质量为 1 230 kg，油箱容积为 90 L，挡位不得超过 6 个，赛车号码为 50 ～ 99。

为了尽可能降低运营成本，从 2024 年起，GTE Pro 和 GTE Am 类别将被 GT3（Cup Grand Touring Cars）类别所取代。这意味着 WEC 最终将与 IMSA 卫士泰克跑车锦标赛汇合。

2. 不同级别赛车的竞争

作为参赛制造商最多的世界顶级汽车赛事，不同级别的赛车在同一赛道竞争（见图 4-3-28），各汽车品牌之间的竞争，随之带来的超车和套圈绝不是耐力赛唯一的看点。在这项赛事中，车手会面临更多“敌人”，除了赛道、对手，还可能有风、雨、温度、阳光和黑夜，无数因素可能影响赛车的可靠性，甚至分享同一辆车的其他车手的操控和表现都会成为胜负的关键，一切皆有可能，所以这实质是一场人机配合、团队协作、挑战机械和考验忍耐力的战斗。

图 4-3-28　不同级别的赛车在同一赛道竞争是 WEC 独有的景象

WEC 比赛的维修站可以维修、换胎、加油，但加油和换胎不能同时进行，并且换胎时只能由两名技师操作，更换车手可以与加油或换胎同时进行，如图 4-3-29 所示。

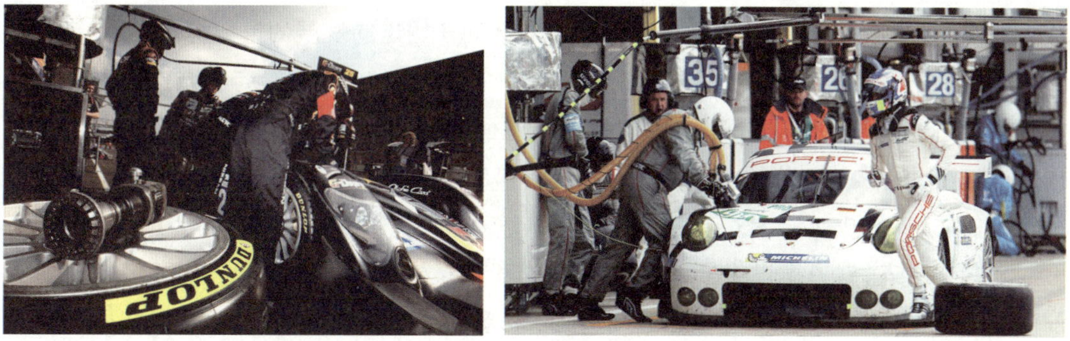

图 4-3-29　WEC 比赛的维修站可以同时进行维修、换胎和加油

如今，WEC 已经成为公认的汽车运动最尖端技术的试验田，在赛车动力上甚至有超越 F1 之势。例如，LMP1 赛车在动力输出上已经超过 F1 赛车，高达 735 kW。同时，奥迪、丰田和保时捷的 LMP1 赛车都采用了双混合动力系统，把制动时产生的能量输送至前轮，使赛车在短时间内变为四轮驱动，同时植入涡轮将发动机排出的废气转化为电能。赛车在每一圈都能使用通过能量回收获得的额外动力，这种既节能又能激发参与者竞争的规则突破，也成为推动世界耐力锦标赛整体技术价值的核心所在。

世界耐力锦标赛每个赛季在世界各地举办 8 ～ 9 场分站赛，其中包括勒芒 24 小时耐力赛，每场分站赛至少持续 4 h，最长为 24 h。

排位赛时 LMP 组与 GTE 组分别进行，每个车组派出两位车手跑单圈成绩，取两位车手分别开出的最快单圈成绩算出平均圈速来决定发车顺序。

前十名获得积分为 25、18、15、12、10、8、6、5、4、2、1（这是 4 h 和 6 h 的比赛积分），不同的是 10 名开外也会有 0.5 分（8 h 以上的比赛为 1 分）；对于 8 h 和 10 h 的比赛，积分为 1.5 倍（即 38、27、23、18、15、12、9、6、3、2）；在勒芒 24 小时耐力赛中，其积分是双倍的。每个组别的杆位将为车手和车队带来附加的 1 分。

车队积分实际上可以说是赛车积分，每辆赛车都可以获得积分，然后在一起排名，不管是不是一个车队的。厂商积分只取每站比赛一个厂商成绩最好的两辆赛车。

每个赛季根据总积分数授予 4 个世界冠军：超级跑车（Hypercar，即 2021 年前的 LMP1 原型车组）世界耐力车手冠军、GT 世界耐力车手冠军、超级跑车世界耐力制造商冠军和 GT 世界耐力制造商冠军。此外，还颁发 4 个奖杯：LMP2 车手奖杯、LMGTE Am 车手奖杯、LMP2 车队奖杯和 LMGTE Am 车队奖杯。

3. 勒芒 24 小时耐力赛

从 2012 年起，勒芒 24 小时耐力赛既是独立的一项赛事，又是世界汽车耐力锦标赛（WEC）中的一站。

1906 年 6 月 26—27 日，法国汽车俱乐部在勒芒（Le Mans）举行了世界上第一场汽车大奖赛。一般来说，这场比赛被认为是汽车运动开始走向发展的重要标志。

勒芒位于法国巴黎西南约 200 km 处，是一个人口约 15 万人的商业城市。这个小城市能够闻名于世界，主要是因为每年都要在这里举行 24 h 汽车耐力赛。第一次比赛在 1923 年 5 月 26—27 日举办，此后每年 6 月的第二个周末都要举行汽车连续行驶 24 h 的比赛（1936 年、1940—1948 年停赛）。

勒芒 24 小时耐力赛已经逐渐成为在全球赛车界如雷贯耳的名字。该赛事由法国西部汽车俱乐部（ACO）负责主办。图 4-3-30 和图 4-3-31 所示分别为勒芒大赛标志和主办组织标志。

勒芒大赛的赛程是让一辆原型赛车在高速赛道上夜以继日地以极速连续奔驰 24 h。这除了对车手是一项极为艰难的体能挑战外，对参赛车辆的车体结构强度，发动机、变

图 4-3-30 勒芒 24 小时耐力赛标志

图 4-3-31 勒芒大赛主办者法国西部汽车俱乐部 ACO 新标志（2009 年）

速器耐用度等，都是全球赛事中最为苛刻的考验。此外，车身质量、油耗的经济性、车身空气动力学、悬挂系统等都是影响参赛车辆能否取得好成绩的重要因素。因此，各大车厂都将能在勒芒大赛中夺魁视为重要成就之一。这个赛事无论对汽车的可靠性或是驾驶员的耐力都是一次严峻的考验，被人们称作“世界最伟大的汽车竞赛”。

勒芒大赛在世界上是最负盛名的比赛之一，因为一般耐力赛只有 500 ~ 1 000 km，而勒芒大赛约 5 000 km。不管勒芒的赛道多么艰险，也不管历史上发生过多少悲剧，一些汽车厂商都不惜耗资数千万美元想在这项大赛中取胜，谁也不肯轻易放过利用这项大赛来提高公司声誉的机会。图 4-3-32 所示为勒芒赛场主看台。

与昂贵的 F1 相比，勒芒要“便宜”得多：一个厂家花费大约 2 500 万美元就能展示与其量产车相似的产品。想要加入的车队越来越多，以至于组织者不得不在比赛前两星期专门安排一天进行资格赛（测试日）；2000 年以后，才改为参赛车队必须由主办大会邀请（目前为 62 辆赛车），使勒芒大赛成为大公司之间的品牌赛。

图 4-3-32　勒芒赛场主看台

1962 年前，勒芒 24 小时耐力赛是按照赛车不同的性能排列从维修区发车；1963 年后，所有赛车被排列在赛道发车区域的一侧，比赛开始后，赛车手需要从另外一侧跑步到赛车，快速启动车辆并开始比赛；1971 年已经改为各组别赛车按照排位赛成绩，采用动态滚动起跑的方式（若遇下雨等天气不好时，则由安全车带领行驶直到天气转好），如图 4-3-33 所示。

比赛通常在六月的第二个周末举行，排位赛和练习赛在比赛前的周三和周四进行，周一和周二进行汽车检查。周五是休息日，所有车手都会参加勒芒的游行。

勒芒排位赛分为两节，第一节 1 h 的排位赛决定了比赛的起跑顺序，但每个级别中最快的 6 辆车除外。它们将晋级到半小时的“勒芒超级杆位”比赛，以决定所有四个级别的杆位。

正赛前所有赛车按类别排列，超级跑车无论单圈时间如何都排在前列，其次是

图 4-3-33　1963—1971 年间采用“勒芒式发车”——车手跑向赛车的上车仪式

LMP2、LMGTE Pro 和 LMGTE Am。每个级别中在超级杆位赛的 6 辆车以最快单圈时间从前向后排列，然后是其他非超级杆位赛车辆，按照第一节排位赛期间的最快单圈时间进行排位。

比赛一般从周六的 15 时开始，一直持续到周日下午 3 点，历时 24 h。1983 年开始，驾驶员的人数增加到 3 人，轮流驾驶与休息。驾驶员交替时，汽车需要进站短暂停车。每人在 6 h 内连续驾驶时间不得超过 4 h，主车手总驾驶时间不得超过 14 h。1950 年，英国车手埃迪 · 豪尔一个人驾驶了整整 24 h，并获得了第 8 名。一个人 24 h 驾驶赛车在今天来说是不符合规则规定的。

赛车可以在比赛的过程中进站加油、换胎和维修，而且次数不受限制。与其他赛事不同的是，进入维修站后（见图 4-3-34）汽车必须熄火，这不仅更安全，火灾隐患更小，而且也是对可靠性的另一项考验；在加油时不允许机械师在汽车上工作，这促使团队采用创新方式来减少加油时间。所有的加油、换胎和维修时间都包括在 24 h 以内，完成里程最多的赛车将获得冠军（当两辆车完成相同的圈数时，它们的完成顺序由较快的总完成时间决定）。2010 年的比赛，奥迪车队创造了 5 410.7 km 的新纪录。图 4-3-35 所示为勒芒比赛夜晚的场景。

图 4-3-34　维修站争分夺秒

图 4-3-35　勒芒比赛夜晚的场景

比赛过程中，这四个组别的赛事将在同一条赛道上进行对抗，但由于赛车本身的差异在组别上无法横向对比，所以比赛将在四个组别分别产生冠、亚、季军，获得超级跑车（原 LMP1）冠军则是所有车手心中的最高荣耀。勒芒 24 小时耐力赛每场产生一组冠军，也就是说，同场驾驶冠军赛车的 3 位赛车手都是冠军。

勒芒大赛对车手是个极大的考验，勒芒环形跑道（目前的赛道长度为 13 626 m）绝大部分是封闭式的公用高速公路，赛车在其 2/3 的路段上速度达 330 km/h，一般只用 3 min 的时间就能跑完一圈的路程。1990 年前，在跑道上有一段约 6 km 的直路，超车镜头屡见不鲜，1988 年法国车手罗杰·多尔奇驾驶的标致赛车在这段路上速度高达 405 km/h。车手们在 24 小时的比赛中，在这段路上行驶要用 6 h，紧张得令人感到窒息，哪怕是稍有疏忽，后果都不堪设想。

大多数观众是带着宿营车或帐篷前来观战的，赛场旁的 30 个大型停车场每次比赛都停满了 10 万辆汽车。赛场周围还有设施齐备的餐饮、娱乐和休闲场所，以及销售各大车队服装、帽子的铺位，让车迷们在这里如同过节一样。观众可以在餐厅里一边吃着可口的食物，一边观看比赛，如图 4-3-36 和图 4-3-37 所示。

勒芒 24 小时耐力赛通过 100 多家电视台向 80 多个国家和地区直播，现场观众达 20 多万人。观众最多的一次是 1971 年的比赛，现场观众达到了 30 万人。

图 4-3-36　勒芒 24 小时耐力赛精彩纷呈，受到了车迷的热烈欢迎

图 4-3-37　车迷们欢庆胜利

勒芒大赛的主办单位 ACO 在 1990 年代初制作了勒芒奖杯，在每年比赛结束后颁给胜利者，而胜利者将奖杯保留 1 年后，在下一次比赛前再交还给 ACO；为了进一步奖励常胜车厂的过人成就，主办单位决定对于连续 3 年赢得大赛的制造厂商可以永远保存勒芒奖杯。

保时捷在 2015 年、2016 年和 2017 年赢得了勒芒 24 小时耐力赛，“三连冠”的成绩令这家德国制造商得以永久保留这座著名的奖杯，并且保时捷仍然是勒芒最成功的制造商，共获得 19 次勒芒 24 小时耐力赛冠军（其中包括 1981—1987 年的 7 连胜），如图 4-3-38 所示。

2018 年，丰田作为 LMP1 组唯一参赛的制造商取得了他们的第一个勒芒 24 小时耐力赛冠军；2019—2020 年，丰田仍上演独角戏，赢得了没有对手的比赛。

2021 年，第一次以新的勒芒超级跑车（LMH）为最高级别的勒芒赛事取代了 LMP1 级别。在有三支车队参赛的比赛中，丰田取得了勒芒超级跑车时代的首个冠军。

图 4-3-38　截至 2021 年，保时捷共获得 19 次勒芒耐力赛冠军

五、世界房车杯（WTCR）

2017 年 12 月 6 日，FIA 决定将世界房车锦标赛（WTCC，FIA World Touring Car Championship）与 TCR 国际系列赛（TCR International Series）合二为一，并继续沿用

TCR 的赛事规则，改名为世界房车杯。世界房车杯标志如图 4–3–39 所示。2018 年 4 月 8 日，世界房车杯首个赛季揭幕战在摩洛哥马拉喀什的穆莱哈桑赛道结束。

图 4–3–39　世界房车杯标志

这里的“房车”一般来说是指拥有固定顶棚的车辆，即不包括敞篷轿车。

WTCR 是国际汽联旗下的一项平民化赛事，参赛车辆是以真正的量产车为基础进行改装的。为进一步控制成本，以保持个人赛车的原则，并允许私人车队在制造商提供最少技术支持的情况下争夺冠军。不再允许任何厂商车队参赛，制造商将比赛的汽车出售给私人参赛者，禁止厂家直接参与到赛车研发当中。赛车的价格上限不得超过 13 万欧元，参赛和运营的费用大幅降低，因此吸引了众多私人车队参赛，许多个人选手加入了这项赛事。

每支参加世界房车杯的车队至少要派出两辆赛车。一支拥有两辆赛车的车队需要支付 15 万欧元的参赛费用。

WTCR 参赛车必须是经过认证的量产车（年产 5 000 辆以上）改装，为 4 门或 5 门车，车身和底盘结构都不能改动，只可对车身进行强化，允许修改轮毂以容纳轮胎；最低质量带量产变速箱的汽车为 1 250 kg，带赛车变速箱的汽车为 1 285 kg（均包括驾驶员），变速箱采用 5 速或 6 速手动挡，前置前驱；车身最小总长为 4.20 m，最大总宽度为 1.95 m；汽油或柴油发动机，四缸带涡轮增压，排量不超过 2.0 L，最大功率为 257 kW，湿式油底壳。轮胎则由 FIA 指定的轮胎赞助商统一提供。WTCR 参赛车吉利领克 03TCR 如图 4–3–40 所示。

同一品牌的赛车最多只能有两支车队 4 辆赛车参赛。

WTCR 采用分站赛形式，每年计划举办 10 ~ 12 站赛事，每站将在周末举行三场比

图 4–3–40　WTCR 参赛车吉利领克 03TCR

赛，每场比赛距离为 50 km 左右。星期六的比赛将以两场 30 min 的自由练习赛开始，接着是 30 min（街道赛道 40 min）的第一次排位赛，然后是第一场比赛。星期天将进行第二次排位赛和两场比赛。第二次排位赛决定第二场、第三场正赛的发车顺序。第一节为 25 min（街道赛道 30 min），确定 12 位车手晋级；第二节为 10 min（街道赛道 15 min），确定前五名；第三节进行一圈决胜负的前五名决战。然后是第二场比赛，第二场比赛的发车位将按第二次排位赛前 10 名车手相反顺序排列，即第 10 名排列在杆位，第一名则是第 10 位发车，其他 9 名车手以此类推；第 11 名后的车手按正常顺序排列。第三场比赛的排位将根据第二次排位赛后的正常顺序决定。

之所以制定这样的排位规则，是为了提高比赛的观赏度，让比赛有更多的超车镜头，看起来更精彩，也让那些排位赛成绩一般的车手和车队有拿到更多积分的机会，以增加比赛的戏剧性和激烈程度，如图 4-3-41 所示。

三场比赛的积分都是相同的，前 15 名完成者得分，从第 1 名到第 15 名的积分为 25、20、16、13、11、10、9、8、7、6、5、4、3、2、1。两个排位赛的前五名将获得积分为 5、4、3、2、1。如果哪位车手在某站能够表现出色的话，他最高能够拿到的积分是 85 分。

图 4-3-41　WTCR 比赛精彩纷呈

2021 年，出于削减成本的原因，每站只举行两场比赛，而不是三场。

作为世界房车杯的参赛者，年终积分排名第一的车手和车队将分别被授予“国际汽联世界杯”的头衔。

实际上，赛事组织者总是希望通过限定赛车改装形式、性能平衡规则等手段，来限制赛车在比赛中起到的决定性作用，而希望把决定结果的主要因素归属到车手身上。所以，赛季车手总冠军比车队总冠军更被人们所看重。

WTCR 的每一站通常有三场正式比赛，每场正式比赛有一个冠军。如果一个赛季 10 个分站，就是 30 个分站冠军。所以，WTCR 分站冠军数量较多。

因为 WTCR 每站比赛有三场正赛，所以单场正赛的赛程和时间不是很长。比如马来西亚站，三场正赛的赛程分别是 49.887 km、49.887 km 和 66.516 km。这和动辄单场二三百公里、时长二三小时，甚至时长 24 h、赛程 5 000 km 以上的其他车赛来说，无论对赛车还是车手都要轻松不少。也正因为如此，一些老将和新手也能在 WTCR 赛场取得不错的成绩。

每个分站赛都展开激烈的近距离作战，从开始到最后一站，均展现了冠军争夺战的惊险刺激场面，如图 4-3-42 所示。特殊的比赛规则和计分方法使整个赛事风云变幻，难以预测，每年的车手和车队总冠军常常要到最后一站比赛才见分晓，这也是许多观众关注和喜爱 WTCR 的原因之一。

图 4-3-42　WTCR 赛场风云变幻，撞车事故经常发生

世界房车杯每年计划在中国设两站比赛（宁波 / 武汉、澳门），澳门东望洋大赛是 2018 年世界房车杯的收官之战。过去的世界房车锦标赛（WTCC）每年在中国的上海和澳门也都有赛站，澳门格兰披治大赛多次成为 WTCC 和 WTCR 的收官之战，如图 4-3-43 所示。

2019 年 12 月 15 日，在马来西亚雪邦赛道上历经了三场正赛对决，2019 年 WTCR 终于落下帷幕。作为使用中国品牌吉利领克汽车的领克青色车队最终获得了车队年度总冠军，如图 4-3-44 所示。

中国品牌“战车”驰骋赛场，在国际汽联认证的世界级赛事中获得首个年度世界杯，实现历史性突破，更树立了中国汽车走向全球赛场的全新里程碑，彰显了中国汽车工业发展的全新面貌。

图 4-3-43　澳门格兰披治大赛多次成为 WTCC 和 WTCR 的收官之战

图 4-3-44　吉利领克青色车队获得了 2019 年、2020 年、2021 年车队年度世界杯三连冠

六、电动方程式锦标赛（FE）

国际汽联电动方程式锦标赛（Formula E 或 FE，FIA Formula E Championship）是由国际汽联创办的首个全电动单座赛车系列赛，其标志如图 4-3-45 所示。

FE 将目光着眼于未来汽车工业，为电动汽车的研发提供平台，培养公众对电动汽车及清洁能源和可持续发展的认知。围绕能源、环境和娱乐三个核心理念，将设计、技术、运动、科技、音乐与娱乐相结合，FE 将被打造成为一场驾驭电动未来的赛车盛世。

图 4-3-45　国际汽联电动方程式锦标赛标志

国际汽联主席让 · 托德表示：“FE 可能会改变整个电动车技术的发展。这个赛事不仅有很强的娱乐性，同时还让国际汽联在清洁能源、机动性和可持续发展方面体现了价值。”

10 ~ 12 个车队、每个车队 2 名车手和 2 辆赛车，在临时搭建的城市中心赛道（某段街道临时改成赛道，赛道长度一般为 2 ~ 4 km）展开一场独特的速度比拼，在比赛时间上又基本上与 F1 错开，刚好弥补了 F1 之后汽车赛事的这段空白，该项赛事正吸引着全球新一代赛车迷的目光。

FE 举办至今，有大幅度革新的赛车，有更多汽车厂商纷纷加入并以此为技术试验场，有更多的观众参与，观众人数每年稳步增长约 20%。在 2020—2021 赛季的电视收视率更是创下历史新高，观众人数增长了 32%，达到 3.16 亿人次。

1. FE 首个赛季

FE 首个赛季共有 10 支车队参与，2014 年 9 月 13 日在北京启幕，走过包括迈阿密、蒙特卡洛、柏林和莫斯科在内的 10 座地标性国际化都市，经历 11 场比赛，于 2015 年 6 月 28 日在英国伦敦收官，如图 4-3-46 所示。

图 4-3-46　FE 主要在世界著名的地标性城市举办（图为乌拉圭埃斯特角城、英国伦敦、蒙特卡洛赛场）

2014 年 9 月 13 日下午 4 时，电动方程式赛车的首站比赛从北京站开始。北京站的赛道总长度为 3.44 km，赛道环绕国家体育场鸟巢、水立方、国家体育馆等标志性建筑，逆时针方向行驶，共有 20 个弯角，集技巧与速度为一体，充满挑战性。7.5 万名现场观众和全球 4 000 万电视观众见证了在“鸟巢”首赛的历史性的一刻，如图 4-3-47 所示。

安静的电动机声音取代了震耳欲聋的发动机声，但比赛的精彩程度一点也不打折扣。25 圈比赛直至最后一圈的最后一弯才见分晓，奥迪 ABT 车队车手迪・格拉西驾驶着赛车第一个通过了终点，获得了冠军。

2015 年 4 月 5 日，电动方程式锦标赛首赛季第六站美国长滩站落下帷幕，中国队的小尼尔森・皮奎特夺冠，这是小皮奎特首次夺得 FE 冠军，也是中国队第一次获得 FE 分站赛冠军。

2015 年 6 月 28 日，英国自然历史博物馆前聚满了车迷，中国赛车队的巴西车手小皮奎特登上了最高领奖台，以 144 分的总积分夺得了电动方程式的车手总冠军，成为电

图 4-3-47　电动方程式赛车的首站比赛在北京开战

动方程式历史上首个车手总冠军。这是中国赛车队第一次获得世界重要汽车赛事的总冠军。戴姆斯雷诺车队以 232 分赢得车队总冠军，中国车队排名第四。

2. 统一制作的赛车

首赛季电动方程式锦标赛采用统一的参赛车辆，由法国的斯帕克赛车技术公司联合多家赛车领域的顶尖公司携手打造，车型命名为斯帕克 - 雷诺 SRT_01E，如图 4-3-48 所示。

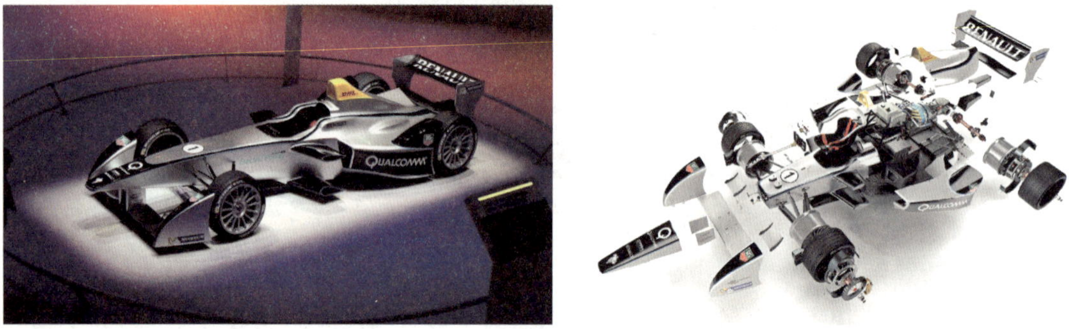

图 4-3-48　第一代赛车斯帕克 - 雷诺 SRT_01E

赛车采用全电力驱动，底盘和空力学套件由意大利达拉拉公司打造，车身材质为碳纤维，车架材质为铝合金，在满足轻量化诉求的同时，保证坚固安全，满足 FIA 最新的碰撞测试要求。电动机（MGU）和控制单元（ECU）由迈凯轮电子提供，如图 4-3-49 所示，赛车采用后轮驱动。变速箱由英国豪兰德公司提供，为控制成本，采用的是 5 挡结构，转向盘拨片换挡，变速器的齿轮比是不可更改的。

米其林公司提供赛事专用的 18 in（约 457 mm）全天候轮胎，如图 4-3-50 所示。出于降低赛车成本考虑，无论任何天气情况，赛车都只能使用这一种轮胎，这与 F1 赛车能够根据不同情况灵活选择软硬轮胎或者雨胎的差别非常大，此外轮胎需要跑满整场比赛，除非中途爆胎。值得一提的是这套轮胎还包含了最新的技术创新，轮胎内部安置了

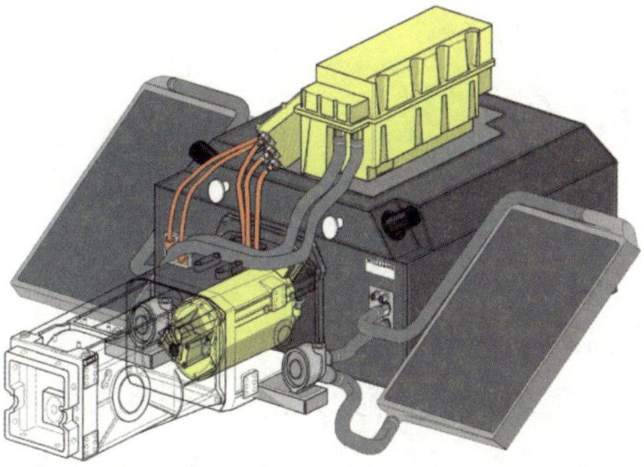

图 4-3-49　电机（MGU）和控制单元（ECU）由迈凯轮电子提供

无线射频识别芯片，能够监测轮胎的温度、压力等相关数据，辅助车队调校赛车，并且能够通过大数据的收集来辅助米其林研发性能更好、更耐磨、更节能的轮胎。

图 4-3-50　米其林公司提供赛事专用的 18 英寸全天候轮胎

FE 赛车 0 ~ 100 km/h 加速时间为 3 ~ 4 s，最高时速限制在 225 km/h。

车辆行驶时的噪声值为 80 分贝（dB），这些声音主要由直齿变速箱高速运转带来，相比于一般车辆的 70 分贝（dB）高一些。FE 赛车更接近于飞机起飞的声音。

FE 赛车车身总长 5 000 mm、总宽 1 800 mm、总高 1 250 mm，轮距 1 300 mm，底盘离地间隙 75 mm。赛车加车手的总质量不能低于 880 kg。

第二代（Gen2 EVO）FE 赛车（Spark SRT05e）于 2018—2019 赛季推出，与之前的赛车相比具有重大技术进步，其 54 kW · h 电池和功率输出从 200 kW 增加到 250 kW，最高时速升至约 280 km/h，电池质量为 385 kg。同时，续航里程也有所提高。车长为 5 160 mm，车宽为 1 770 mm，总质量为 900 kg，如图 4-3-51 所示。

图 4-3-51　第二代赛车 Gen2 EVO

第四节 汽 车 公 害

2020 年年底，全球汽车保有量约为 14.9 亿辆，平均每 5 个人拥有 1 辆汽车。2019 年 8 月，世界银行公布了 2019 年全球 20 个主要国家千人汽车拥有量数据，榜单中美国位列第一，千人汽车拥有量达 837 辆，排在第 2 ~ 第 20 名的国家分别是澳大利亚 747 辆、意大利 695 辆、加拿大 670 辆、日本 591 辆、德国 589 辆、英国 579 辆、法国 569 辆、马来西亚 433 辆、俄罗斯 373 辆、巴西 350 辆、墨西哥 297 辆、沙特 209 辆、土耳其 199 辆、伊朗 178 辆、南非 174 辆、中国 173 辆、印度尼西亚 87 辆、尼日利亚 64 辆、印度 22 辆。2021 年，中国千人汽车拥有量居世界第 70 位左右，人均拥有汽车量高于世界平均水平。

根据国际汽车制造商协会（OICA）的统计，2020 年全球 49 个国家总计生产汽车 7 762.16 万辆，比 2019 年的 9 217.58 万辆下降了 15.79%。受新型冠状病毒肺炎疫情全球蔓延影响，产销量数据与 2011 年相当。一年之间倒退了将近 10 年水平，使全球汽车产能利用率大大降低。全球汽车年产能为 1.3 亿辆，2017 年产量最高为 9 659 万辆。中国由于政府控制新型冠状病毒肺炎疫情较好，汽车产销影响较小，2020 年中国生产汽车 2 522.52 万辆，同比仅下降 2%，中国汽车产量约占全球的 1/3。

截至 2021 年年底，中国超过 100 万辆汽车的城市有 79 个，超过 200 万辆汽车的城市有 35 个，超过 300 万辆汽车的城市有 20 个，超过 500 万辆汽车的城市有 3 个。其中，北京超过 600 万辆，成都、重庆超过 500 万辆，苏州、上海、郑州、西安超过 400 万辆，武汉、深圳、东莞、天津、杭州、青岛、广州、宁波、佛山、石家庄、临沂、济南、长沙 13 个城市超过 300 万辆。中国超过美国的汽车保有量（美国约为 2.9 亿辆）成为世界最大的汽车拥有国。中国机动车保有量达 3.95 亿辆，其中汽车 3.02 亿辆。机动车驾驶人达 4.81 亿人，其中汽车驾驶人 4.44 亿人。

根据中国统计年鉴数据，2019 年全国平均每百户家庭拥有 36 辆私家车（2015 年首次超过 20 辆），苏州、深圳、郑州、西安、成都、南京等大城市每百户家庭拥有私家车已超过 100 辆。如果按照百户居民家庭拥有汽车 20 辆的标准，中国已于 2015 年进入汽车社会行列。

汽车社会是指汽车产业发展到一定阶段，即一个社会围绕着汽车这一现代工业产品，形成一整套经济、文化、生活体系，特别是随着轿车大规模进入家庭后出现的一种社会现象。在人们享受汽车带来的便利的同时，也不得不忍受汽车给人类社会带来的种种公害。

一、汽车与交通事故

交通事故是指车辆在道路上因过错或者意外造成的人身伤亡或者财产损失的事件。

全世界每年近百万人死于道路交通事故（世界卫生组织统计为 125 万人，而各国交通管理部门统计为 50 万人），在交通事故中受伤的人数高达千万人。

汽车交通事故已成为 15 ~ 45 岁人群的第一大杀手，对社会经济发展造成了严重影响。

二、汽车与石油危机

石油危机即世界经济或各国经济由于受到石油价格变化的影响所产生的经济危机。

迄今为止被公认的三次石油危机是：1973 年，由第四次中东战争石油输出国组织对西方石油禁运引起，基准原油价格从每桶 3.011 美元提高到 10.651 美元；1979 年，由于伊朗革命和两伊战争影响，油价创下每桶 41 美元的纪录；1990 年，由当时的波斯湾战争引起，国际油价急升至 42 美元。三次石油危机对全球经济造成了严重冲击。

2008 年 1 月 2 日，主要受非洲产油大国尼日利亚国内局势持续动荡影响，国际市场原油价格首度突破每桶 100 美元大关。7 月 11 日，原油最高达到 147.25 美元，为历史最高价格。当日纽约原油的开盘价为每桶 141.76 美元，收盘价为 145.78 美元，当天交易的最高价是 147.25 美元，最低价是 141.44 美元。但是，到 12 月 24 日，纽约原油价格盘中曾跌至每桶 35 美元，报收 35.35 美元。2021 年，世界原油（WTI）全年均价为 68.11 美元 / 桶，比上年大涨 73.1%。

石油、天然气等是重要的能源资源。世界石油产量的 50% 左右被汽车消耗。在现代文明社会，如果没有了能源，一切现代物质文明也将随之消失。

世界石油资源的地区分布是不平衡的，许多国际矛盾和冲突由此引发。世界石油地区消费量与石油资源拥有量存在严重失衡现象，而石油资源在国家发展中具有特殊的战略意义，因此，全球围绕油气资源的争夺一直非常激烈。两次世界大战都与石油资源有关。简单地说，石油决定了第一次世界大战的胜负，第二次世界大战在很大程度上就是为了石油而战。

在中国，石油储藏量和开采量非常有限，石油的需求越来越多地依靠进口。据统计，1996 年中国就已经成为石油和石油产品净进口国，同时成为世界第三大石油消费国；到 2003 年中国已成为世界第二大石油进口国，而且按汽车工业发展的趋势，中国的石油进口量还将继续增大。2011 年，中国超过美国成为第一大石油进口国和消费国。2021 年，中国国内石油消费量为 7.1 亿 t，约占世界石油消费量的 13%。2021 年，中国石油进口量为 5.13 亿 t，同比减少 6.38%，对外依存度达 71.9%。到 2030 年，中国对进口石油的依存度可能会达到 80%。汽车给中国的能源安全带来了很大的压力，而且这个压力还在逐渐增大。

三、汽车与土地资源

汽车的使用要求必须提供行驶的道路和停放的车位，这就意味着需要占用大量的土地（见图 4-4-1）。

对多数城市的生活小区和单位来说，为了解决居民或职工停车难问题，已经或多或少地减少了绿化面积或露天休闲场所。

随着汽车保有量的增加，需要占用土地来建设更多的道路、停车场及配套基础设施，而中国人口众多，就人均拥有土地资源来看，中国是世界上最为贫乏的国家之一，汽车的过度发展必将进一步减少人们赖以生存的耕地。

图 4-4-1　汽车占用了大量的土地

2021 年 8 月 26 日，中国自然资源部公布第三次全国国土调查（以 2019 年 12 月 31 日为标准时点）主要数据成果。中国耕地面积 19.18 亿亩，园地 3 亿亩，林地 42.6 亿亩，草地 39.67 亿亩，湿地 3.5 亿亩，建设用地 6.13 亿亩。耕地面积比 2009 年末数据减少 1.13 亿亩；建设用地较 2009 年末数据增加 1.28 亿亩，增幅为 26.5%。中国政府一直以来强调的是“18 亿亩耕地保护红线”。

如果中国未来汽车保有量达到日本的水平，即每两人拥有一辆汽车，那么汽车保有量将达到 6.5 亿辆以上。按照欧洲和日本的标准，每辆汽车消耗的土地面积为 0.02 公顷，将消耗 1 300 万公顷的土地，而中国现有耕地面积只有约 12 000 万公顷，这样汽车消耗的土地面积将超过总耕地面积的 1/10，因而耕地资源短缺问题将更加严峻。

四、汽车与道路拥堵

汽车的高速发展造成道路堵塞，导致低效率，使汽车原本应带来的快捷、舒适、高效无法实现，严重影响着城市经济的发展，同时也增加了汽车燃油消耗和污染物的排放，带来了许多负面影响。在中国几乎所有的大型城市中，交通堵塞已成为城市功能正常运转的重大障碍。仅北京公交车乘客的时间损失这一项，每年造成的经济损失高达 792 亿元，更不用说因交通堵塞造成的燃料费用损失和环境污染引起的经济损失。

中国 667 个城市中约有 2/3 的城市交通高峰时段出行拥堵。除京、沪、穗、深等一线城市普遍有拥堵情况外，成都、武汉、西安、兰州等二、三线城市的拥堵问题也十分严重。

堵车、红灯前的漫长等待是城市中人们日常失望情绪蔓延的根源之一（见图 4-4-2 和图 4-4-3），会产生烦躁、郁闷等情绪。

图 4-4-2　城市道路拥堵

图 4-4-3　向左转还是向右转

五、汽车与环境污染

汽车的广泛普及和使用所产生的废气、噪声、电磁波干扰以及扬起的尘土对自然环境造成了很大的污染（见图 4-4-4）。

图 4-4-4　汽车废气是城市大气污染的主要原因

据生态环境部相关监测数据显示，城市大气 PM2.5 排放源中，机动车排放的污染物浓度占 PM2.5 总浓度的 13.6% ~ 52.1%。汽车是机动车大气污染排放的主因，其排放的 CO 和 HC 超过 80%，NO_x 和 PM 超过 90%。按燃料分类，柴油车排放的 NO_x 接近汽车排放总量的 70%，PM 超过 90%；汽油车 CO 和 HC 排放量较高，CO 超过汽车排放总量的 80%，HC 超过 70%。占汽车保有量 7.8% 的柴油货车，排放了 57.3% 的 NO_x 和 77.8% 的 PM，是机动车污染防治的重中之重。

近年来，各地区、各部门以习近平新时代中国特色社会主义思想为指导，深入贯彻习近平生态文明思想，“绿水青山就是金山银山”，按照党中央、国务院决策部署，圆满完成污染防治攻坚战阶段性目标任务，人民群众生态环境获得感显著增强。2021 年 5 月 24 日，生态环境部公布了《2020 中国生态环境状况公报》，公报表明，2020 年中国 337 个地级以上城市，有 202 个城市环境空气质量达标，占比为 59.9%，有 135 个城市达不到空气质量要求。

汽车废气直接影响人们的身心健康和生活质量。汽车的噪声和振动也已成为污染居民生活环境和学校、机关、医院等敏感设施的突出因素。另外，道路与汽车交通对生态环境产生了很大影响，影响土地、绿化和水质，使居民失去了健康的生活环境。

交通噪声是城市噪声的主要来源，约占 75% 的比例；受交通噪声影响人口占受环境噪声影响人口的 60% ~ 70%；受交通噪声影响面积占受环境噪声影响面积的 30% ~ 40%。

汽车还会产生电磁波干扰。在汽车电气设备中，有许多导线、线圈等电气元件，它们具有不同的电容和电感。而任何一个具有电容、电感的闭合回路都会形成振荡。例如，当火花放电时，就会产生高频振荡并以电磁波的形式放射到空中，切割无线电或电视天线，从而引起干扰。在汽车电气设备中，点火系统的干扰最为严重。

此外，汽车的发展还给社会带来了诸多问题，影响了人们的生活质量，从某种意义上来说，降低了人们生活的幸福感。汽车快速发展造成了新的不公平，在享受便利和成本负担上是不公平的，对没有车或不能开车的人来说，他们孤立于汽车社会，交通的改善与他们无关，但他们必须与汽车拥有者一样，承担汽车造成的污染、交通堵塞及城市道路等带来的各种问题，还要负担道路建设和维护成本。另外，汽车这个文明时代的产物给人们带来的心理、精神上的损失也是不可忽视的。汽车社会剥夺了人类与自然界接触的机会，引发了人们的心理伤害，使人们感到孤独，幸福感降低。

技能训练与实践活动

1. 利用网络查找世界石油价格的历史数据及价格趋势。

2. 利用网络查找世界汽车比赛的历史和行驶速度最快汽车的纪录数据。

3. 组织参观一次汽车展览会。

4. 组织观看一次汽车比赛。

5. 撰写一篇有关汽车历史、汽车人物、汽车品牌、汽车公司等方面的科普文章（要求图文并茂，字数约 2 000 字）。

6. 讨论：汽车比赛对汽车工业的发展有哪些影响？汽车会给人们的生活带来哪些危害？

第五章

汽车发展趋势

在 20 世纪 20 年代，电动汽车被内燃机汽车取代。内燃机汽车后来者居上，成为现在主要的陆上交通工具。

现在电动汽车又进入复兴时代。从产业层面看，汽车与相关产业全面融合，呈现电动化、网联化、智能化的发展趋势。电动化、网联化、智能化是相互促进、相辅相成的。电动化底盘融合新型一体化的电子电气架构，是网联化、智能化技术运用的最好载体；网联化和智能化技术的应用把自动驾驶程度进一步提高，改变了整个汽车产品的形态。从技术层面看，汽车正由人工操控的机械产品逐步向电子信息系统控制的移动智能产品转变。从应用层面看，汽车将由单纯的交通运输工具逐渐转变为智能移动空间，成为新兴业态的重要载体。

第一节　汽车电动化

目前，内燃机汽车面临三个主要问题：石油资源供应不稳定；化石燃料的大量消耗，造成大气中的二氧化碳（CO_2，即碳排放或温室气体排放）增加，有可能使全球变暖；大气污染严重，排放的有害物主要有一氧化碳（CO）、碳氢化合物（HC）、氮氧化物（NO_x）以及悬浮颗粒物（SPM）等。

石油作为不可再生资源，一直处于供应较为紧张的状态，新能源汽车的兴起能在一定程度上缓解对石油的大量需求；大量的汽车尾气是环境污染的根源，节能减排也是对环境的保护。在能耗、排放法规的双重压力驱动下，汽车驱动方式的电动化已然成为全球汽车产业公认的未来发展方向。

汽车电动化，即汽车使用电能作为动力，通过电动机驱动汽车行驶。目前常见的有纯电池动力（BEV）、混合动力（HEV，包括串联式 SHEV——驱动力只来源于电动机的混合动力，并联式 PHEV——驱动力由电动机及发动机同时或单独供给的混合动力，混联式 PSHEV——同时具有串联式和并联式驱动）和燃料电池动力（FCEV，目前主要是氢燃料电池）等。

汽车电动化带来的不仅是全新的研发流程、制造工艺，也带来了全新的造车理念，更是带来了汽车产业百年来最深刻的变革。

一、电动化迅速抢占未来市场

在过去十年间，全球电动乘用车的销量以惊人的速度增长，2010 年全球电动乘用车保有量约 1.7 万辆，到 2021 年年底全球电动乘用车的累计销量已经突破 1 600 万辆。截至 2021 年年底，中国新能源汽车保有量达 784 万辆，其中纯电动乘用车保有量达到 640 万辆，占全球总量的 50%，连续 7 年位居世界第一。电动车保有量排名第 2 ~ 10 位的国家分别是美国、德国、挪威、英国、法国、荷兰、加拿大、日本、瑞典。所有这些领先市场都采用汽车法规、财税激励、充电基础设施建设，以及面向消费者的宣传和推广活动等方式，积极推动电动汽车在当地的发展。

在过去十年间，全球电动汽车的市场占比持续增长，全球的汽车电动化转型取得了令人瞩目的进展。2021 年，全球电动汽车销量首次突破 650 万辆，同比增长 109%，乘用车市场占比达到 9%，创历史新高。挪威的电动乘用车市场占比为全球最高，是全球第一个电动乘用车市场占比超过 65% 的国家。如果挪威在未来几年继续保持目前的发展势头，就有望在 2025 年如期实现其所提出的全面电动化目标。截至 2021 年年底，全球范围内电动乘用车累计销量最多的三个城市为上海、深圳和北京，已经分别突破 65 万辆、63 万辆和 53 万辆；电动乘用车累计销量最高的 10 个城市中有 6 个来自中国。2021 年，全球销量最多的单一车型电动车是特斯拉 Model 3，如图 5-1-1 所示。

国际能源署的报告估计，到 2040 年，全球汽车销量的 58% 将是电动汽车。从目前全球汽车电动化的趋势来看，正在进入加速发展的新阶段，如果未来电动车型能够占

图 5-1-1 特斯拉 Model 3 成为全球销量最多的单一车型电动车

到新车销量一半的份额，电动车的销量将是如今 650 万辆的 8 ~ 10 倍，这是一个前景广阔的市场。事实上，当下各家车企纷纷释放出对电动化的推崇，以获得进入汽车未来市场的入场券，争取在未来的网联化、智能化布局方面掌握更多的话语权，抢占市场。

二、技术创新是难关

新能源汽车产业是未来发展的趋势。其中，技术创新是新能源汽车产业必须攻克的难关，像纯电领域中动力蓄电池、车载操作系统、充电桩等；氢能领域中以制氢、储氢、运氢为主的低成本氢能体系建设等。

电池技术创新将成为降低电池成本及提高电池质量、使用寿命、续航里程的关键，电池成本的下降是电动汽车价格下降的关键。

与传统汽车相比，电气化将为汽车生产带来 40% ~ 50% 的额外总生产成本，如图 5-1-2 所示。

图 5-1-2　电池布满在整个电动汽车底盘上

新能源动力蓄电池有两个发展难点，一是电池能量密度，二是充电速度。过去十年，主要在解决能量密度问题，电池的续航里程已经从 150 km 左右提高到 500 km 以上，解决了电池能量密度带来的续航里程问题；充电速度、充电便捷性则成为影响行业发展的主要问题。

在使用中，锂离子动力蓄电池有能量密度、充电速度和安全性三大技术指标，这三大技术指标就像一个三角形，此长彼短，相互制约，必须找到平衡点，才能形成产业化落地。

虽然三元锂电池的能量密度表现更好，但三元锂的自燃温度在 200 ℃左右，远低于磷酸铁锂 500 ~ 800 ℃的自燃温度。另外，三元锂材料的化学反应更加剧烈，会释放比氧气活泼得多的初生态氧（原子状态的氧），在高温作用下电解液会迅速燃烧（三元锂电池的电解液本身就是易燃物），发生连锁反应。这也是搭载三元锂电池的纯电动汽车频繁自燃的原因。所以从材料的角度出发，三元锂电池的安全问题无法根治。

磷酸铁锂材料是目前相对安全的锂离子电池正极材料，但其额定电压为 3.2 V，在目前的主流正极材料中处于下游，所以磷酸铁锂电池的能量密度相对较低。尽管磷酸铁锂电池在低温条件下续航和充电效率缩水明显，且剩余电量（SOC）的估算不准，但其安全性好、成本低（没有昂贵的钴金属）、可重复充电次数多，因此，磷酸铁锂电池依旧有巨大的市场需求。

三、氢燃料电池

相比纯电动汽车，氢燃料电池在续航以及充电时间上完全没有短板，加氢与现在传统燃油车加油一样方便，而且排放物只是水，在使用中真正实现了零排放、零污染。

同为新能源汽车的“心脏”，氢燃料电池与如今广泛使用的锂离子动力蓄电池是本质完全不同的产品。氢燃料电池的本质是一种发电装置，而锂离子电池的本质是储能装置。

对于纯电动汽车，消费者最关注的是续航能力。如果单纯堆积锂电池有着非常大的安全风险，所以提高锂电池的容量是很艰难的技术难题，同时充电速度也制约着汽车的续航能力。但对于氢燃料汽车来说，续航反而最容易满足，加氢方便，提高续航只需要增大储氢罐体积就好。

2021 年，作为全球首款商业量产氢燃料电池轿车丰田未来（Mirai，见图 5-1-3）全球销量 5 918 辆，同比增加 230%；现代艾尼氪（Nexo，见图 5-1-4）全年售出 9 620 辆，同比增长 42%。截至 2021 年年底，Mirai 在全球累计投放 17 933 辆，Nexo 累计投放 22 337 辆，Nexo 成为氢燃料电池乘用车销量第一车型。

2021 年全球氢燃料汽车销售量为 16 313 辆，同比增长 68%。其中，韩国销量 8 498 辆，美国销售 3 341 辆，日本销售 2 464 辆，中国销售 1 586 辆，德国销售 424 辆。

但是，目前燃料电池汽车的保有量却很低。截至 2021 年年底，全球氢燃料汽车保有量近 6 万辆，主要分布在韩国、美国、中国、日本及德国五大市场。韩国实现后来者居上，韩国市场保有量达到 1.94 万辆，一跃成为全球第一大氢燃料汽车保有量国家；美国和中国分别排名第二、第三，氢燃料电池汽车保有量分别为 1.22 万辆和 0.89 万辆，日本保有量为 0.73 万辆，德国保有量约为 0.15 万辆。

图 5-1-3　丰田未来（Mirai）是全球首款商业量产氢燃料电池轿车（2014 年）

图 5-1-4　现代艾尼氪（Nexo）成为氢燃料电池乘用车销量第一车型

燃料电池乘用车的推广有以下几大难题：

一是车辆售价贵。燃料电池发动机成本过高，1 kW 电堆的售价为石墨板 2 000 元左右，金属板 3 000 元左右（乘用车只能采用金属板）；一辆燃料电池汽车中，氢燃料电池系统的成本约占 60%，其中包含了约 400 个电池单体的电池堆占了主要部分。

从中国氢燃料电池汽车的保有量来看，公交车占据了绝大多数，还没有氢燃料电池乘用车。公交车基本都是政府财政拨款支持购置的，这类客户对于价格的敏感度相对更低。一辆燃料电池公交车的售价在 200 万～300 万元不等，而同级传统燃油公交车的价格不超过 100 万元。一辆燃料电池汽车最高可以获得国家补贴 50 万元，还有部分地方配套补贴 25 万元，一辆车最高可以拿到 75 万元补贴资金。

二是加氢站的密度低。截至 2021 年年底，全球 33 个国家和地区共建成的加氢站只有 685 座。欧洲共有 228 座加氢站投运，其中，德国 101 座，法国 41 座，英国 19 座，瑞士 12 座，荷兰 11 座。亚洲共有加氢站 363 座投运，其中，中国加氢站已建成 218 座，数量位居全球第一；日本 159 座，韩国 95 座。北美共有 86 座加氢站投运，其中有 50 座位于美国的加利福尼亚州。2022 年全球范围内计划新增 252 座加氢站。

加氢站的建设难点在于其建设成本高昂且必须广泛分布，否则无法满足燃料电池汽车推广的要求。目前中国建设一座 35 MPa、日加氢 500 kg 的固定式加氢站，除去土地成本外，投资成本约为 1 500 万～2 000 万元，政府补贴 300 万～500 万元不等。按照当前氢气价格，每天需要加注 400 辆氢燃料汽车才可以实现收支平衡。

三是氢气价格高。氢气零售价按 45 元 /kg 测算，此价格仅能维持加氢站的日常运营。

目前应用于燃料电池中的氢气基本来自焦炉煤气、氯碱等工业副产品，成本约 15 元 /kg，但由于储运、加注等环节成本高，最终销往终端市场的氢气达到 60～80 元 /kg，相比汽油、柴油、天然气等化石能源并不具备价格优势，致使氢能源的推广和应用受阻。

用电解水的方法制氢则显得有些“奢侈”，电解水制造 1 kg 的氢气需要消耗 60 kW·h 的电能，而 1 kg 的氢气转换成驱动汽车的电能只有 20 kW·h，中间损耗了 40 kW·h 的电能。因此，目前阶段的氢能源是否节能显而易见。

燃料电池汽车使用成本将大幅高于纯电车型和燃油车型。燃料电池汽车每百公里总拥有成本，分别比纯电动汽车和燃油汽车高 40% 和 90% 左右。较高的燃料电池系统价格和氢气价格是氢燃料电池汽车总拥有成本高昂的主要原因。

自 2015 年量产以来，中国氢燃料电池汽车的销量虽逐渐攀升，但在 2020 年已明显遇到瓶颈。2020 年，中国氢燃料电池汽车产销分别完成 1 199 辆和 1 177 辆，同比分别下降 57.5% 和 56.8%。为了“抢滩”氢燃料电池汽车赛道，2021 年中国氢燃料电池汽车发展节奏明显提速，一汽、上汽大通、广汽埃安、长城汽车等厂家均有氢燃料电池乘用车亮相。2021 年，氢燃料电池汽车产销量分别为 1 777 辆和 1 586 辆。到 2025 年，中国要达到燃料电池车辆保有量约 5 万辆。

氢能源这个理论上的“零排放”能源方式，因为生产成本、能源储运成本、加氢站基础设施建设成本等一系列难题，如不加速各环节的技术突破，氢燃料电池汽车始终只是一个美好的概念。

四、电动化并非抛弃内燃机

国务院发布的《新能源汽车产业发展规划（2021—2035 年）》将 2025 年新能源比重的目标从 25% 调整至 20%，如果按照 2025 年 3 000 万辆的汽车销量，这缩减的 5% 可是 150 万辆的新能源销量目标的调整。

在面对市场和消费者选择时，不被广泛接受成为新能源发展的核心难题。究其原因不难发现，国内新能源市场依然处于产业生命周期的初创期，产品尚未被广泛接受，同时在充电等技术设施方面尚不完善，汽车的续航、安全、电池衰减等问题存在隐忧，这直接延缓了新能源市场的发展速度与步伐。

电动汽车在实现低碳排放和低污染控制方面有诸多优势，但碳排放要跟能耗紧密联系，这个能耗就是全寿命周期能耗。排放的评价要从简单的尾气排放评价过渡到全寿命周期评价，包括从发电开始，到汽车的材料和制造、电池生产及回收整个全过程。特别是动力蓄电池回收端带来的污染不可忽视。如果回收端未能妥善处理，动力蓄电池中的电解液等物质流出，会造成土壤污染和水污染。一个简单而高效率的电池回收流程已经迫在眉睫。

有数据表明，电动汽车生产过程的碳排放比燃油汽车要高（2019 年，中国一辆汽油车生产制造排放为 8 t 左右，而一辆电动汽车的生产制造排放为 10 t 左右），若电动汽车的生产与补给所用的电并非来自清洁能源（如太阳能、风能、可再生物质能等），其碳排放甚至高于传统燃油汽车。

根据中国汽车工程学会发布的《汽车生命周期温室气体及大气污染物排放评价报告 2019》显示，在全国平均电力水平下，各级别纯电动乘用车（A00、A0、A、B、C 级）相比对应级别的汽油乘用车，全生命周期温室气体减排比例为 21% ~ 33%；对于氮氧化物，A00 ~ B 级纯电动乘用车相比同级别汽油乘用车的削减比例为 6% ~ 26%，C 级纯电动乘用车与汽油乘用车排放因子相当。

综合中国多项实验研究表明，当煤电发电量占总发电量比例达到大约 80% 时，电动汽车全生命周期内所产生的碳排放量与燃油汽车所产生的碳排放量达成一致。如果这个结论成立，则意味着当煤电发电量比例低于 80% 时，电动汽车所带来的碳排放量要低于燃油汽车所带来的碳排放量。2021 年，中国的煤电发电量占比约为 60%（2015 年为 71%），实际上已经大大低于 80% 的阈值，随着“碳中和”战略目标的推进，未来煤电比例还将持续下降，而清洁能源发电比例将上升，届时电动汽车相比于传统燃油汽车的碳减排优势会更加明显。

从长远角度来看，包括纯电动汽车在内的新能源汽车将成为大趋势。但是，目前人们对新能源汽车的市场接受度、使用环境等条件的逐步提高和完善还需要时间，纯电动汽车很难在短时间内完全满足市场和社会的需要。

2021 年 11 月 13 日结束的第 26 届联合国气候变化大会（COP26）上，主办方呼吁部分国家、城市以及汽车制造商等在 2040 年以前终结燃油汽车。最后，包括沃尔沃、福特、通用、戴姆勒、比亚迪和捷豹路虎在内的六家车企同意签署相关协议。但面对这份名为《格拉斯哥零排放车辆宣言》的协议书，依旧有包括大众、丰田、宝马、本田、日产、现代和斯特兰蒂斯等在内的多数大型企业不同意签字；同时，中国、美国、德国政府也未签署相关协议。

在可预见的未来，内燃机动力仍然还是动力装置的主导，深度结合电动化、网联化和智能化以及共享这样一些技术，是内燃机动力家用汽车一个非常美好的未来。

“高效、低碳、近零排放”是内燃机发展的趋势和要求。发展新能源动力的同时，不能放弃传统动力的发展，要从“独唱”变为“二重唱”。在政策、市场、技术等综合因素的推动下，高效发动机是内燃机技术转型与升级的必然趋势，是现阶段汽车动力的重要发展方向，也是传统汽车过渡到新能源汽车的关键环节。

第二节　汽车网联化

一、网联化及其应用

汽车网联化（即汽车移动互联网，简称车联网），它以车内网、车际网和车云网为基础，按照约定的通信协议和数据交换标准，在车与车、车与路、车与人及车与互联网等之间，进行无线通信和信息交换的大系统网络，是能够实现智能交通管理、智能动态信息服务和车辆智能化控制的一体化网络。

网联化其实质就是车用无线通信技术（Vehicle to Everything，简称 V2X，其中 V 代表车辆，X 代表任何与车交互信息的对象），是将车辆与一切事物相连接的新一代信息通信技术。

V2X 将“人”“车”“路”“云”等交通参与要素有机地联系在一起，不仅可以支撑车辆获得比单车感知更多的信息，促进自动驾驶技术的创新和应用，还有利于构建智慧交通体系，促进汽车和交通服务新模式、新业态的发展，对提高交通效率、节省资源、减少污染、降低事故发生率、改善交通管理等方面具有重要意义。

车内设备之间的通信是指车辆内部各设备间的信息数据传输，用于对设备状态的实时监测与运行控制，建立数字化的车内控制系统。

车与车之间的通信是指车辆与车辆之间实现信息交流与信息共享，包括车辆位置、行驶速度等车辆状态信息，可用于判断道路车流状况。

车与路之间的通信是指借助地面道路固定通信设施实现车辆与道路间的信息交流，用于监测道路路面状况，引导车辆选择最佳行驶路径。

车与人之间的通信是指用户可以通过 Wi-Fi、蓝牙、移动网络等无线通信手段与车辆进行信息沟通，使用户能通过对应的移动终端设备监测并控制车辆。

车与云平台之间的通信是指车辆通过移动网络或卫星无线通信等无线通信技术实现与车联网服务平台的信息传输，接收平台下达的控制指令，实时共享车辆数据。

车联网是实现自动驾驶乃至无人驾驶的重要组成部分，也是未来智能交通系统的核心组成部分，其主要应用包括以下几个方面。

汽车辅助驾驶：包括汽车辅助驾驶和道路基础设施状态的警告。道路基础设施的警告包括车辆事故、道路工程警告、交通条件警告、基础设施状态异常警告等。

交通运输安全：包括紧急救援请求及响应、紧急车辆调度与优先通行、位置信息跟踪、超载超限管理、交通弱势群体保护等。

车辆安全：通过提前预警、超速警告、逆行警告、红灯预警、行人预警等相关手段提醒驾驶人，也可通过紧急制动、禁止疲劳驾驶等措施有效降低交通事故的发生率，保障人员及车辆安全。

交通管理：交通法规的告知，交通执法、信号优先、停车场管理，实时播报交通路况及事故情况等。

导航及交通信息服务：提供高精度电子地图、路线实时指引和导航、流量监控、建议行程、信息点通知等。

电子收费：道路、桥梁和隧道通行费、停车费等。

运输管理：运政稽查、特种运输检测、车队管理、场站区管理、车辆软件数据的匹配和更新、车辆的数据校准、节奏感知信息更新以及发送、车辆故障诊断、预警等。

用车服务网络化：线下付费的用车场景将实现网络化，汽车的实时车况可以通过云端传输给服务商，车况的透明化将助力服务商为用户提供一系列主动式服务，如代驾、停车场、加油站、违章查询代缴、充电桩收费、上门维护车辆、上门洗车、UBI 保险（基于使用量而定保费的保险）等。

随着车联网的发展，整个行业的价值链向移动出行生态转型，包括采购、运营、产品在内的整个汽车制造业将开启数字化转型。

二、网联化浪潮将至

网联化是汽车连接世界的“桥梁和纽带”。网联化将打开汽车产业发展的新窗口，进入发展的黄金时代。

网联化将加快 5G 通信基站、C-V2X 路侧设备部署，推动智能化道路升级改造；引导车载无线通信终端的装配，推动智能化和网联化的协同发展。同时，智能网联汽车的发展具有互联网大数据的产业属性。这将强化整车需求和应用牵引，促进跨行业创新资源整合，合力打造分工合作、互融共生的新型产业生态体系。

汽车的智能化和网联化是整个汽车制造业数字化转型的启动按钮，从赋能产品力的提升，到赋能汽车后市场的价值挖掘，再到赋能产品研发以及全价值链的协同创新。在这场汽车行业变革中，随着互联网技术的发展，也催生了车企与互联网企业的融合发展。

随着技术进步及政策推动，智能网联汽车有望加速渗透，从而带动市场规模大幅增长，其中最具市场潜力、最快实现深度化智能网联的车载领域是电动汽车。相较传统汽车，电动汽车还有一个关键的因素是智能网络所用到的技术可以提高行驶效率来解决续航里程的问题，因此电动汽车是近几年来最具市场潜力，可以挖掘更多智能网联机会的领域。

此外，智能网联汽车产业另一个最具潜力的市场是商用车。由于大型商用车对驾驶人的视角范围有一定的限制，导致交通事故率较高，财产和生命受到了损失。智能网联技术的导入，如盲点检测、自动刹车等，可以有效避免事故的发生，极大程度地降低事故率，对生命财产起到很大的保护作用。

车联网发展主要分为两个阶段。近期，车联网实现车 - 车和车 - 路之间的低时延、高可靠通信，主要是有人驾驶安全和交通效率提高。如车联网应用在智慧高速公路和智慧公交上，让驾驶更安全，能避免重大事故，提升道路通行能力和交通效率；实现机场、矿山、港口等特定场景下中低速无人驾驶，降低成本，提高生产效率。中长期看，通过车联网实现车路协同，在完善政策法规和社会共识之后，未来可逐步实现全天候、全场景乘用车的无人驾驶。

车路协同是指基于无线通信、传感探测等技术获取车辆和道路信息，通过车 - 车、车 - 路通信进行交互和共享，实现车辆和基础设施之间智能协同与配合，以达到优化利用系统资源、提高道路交通安全、缓解交通拥堵的目标。

车路协同主要包括智能车载技术、智能路侧技术、通信技术、云控技术四大关键技术。

V2X 是实现车路协同的重要技术。路侧传感器得到的感知信息可以传输给自动驾驶车辆，自动驾驶车辆可以根据获得的感知信息实现自动驾驶功能。路侧计算设备可以作为控制中心，自动驾驶车辆将自身的运行状态、驾驶意图等信息上报到路侧计算设备，路侧计算设备可以综合所有车辆的信息，指导车辆协同通行。

2020 年 11 月 11 日，世界智能网联汽车大会发布了《智能网联汽车技术路线图 2.0》。目标到 2035 年，中国智能网联汽车技术和产业体系全面建成，产业生态健全完善，整车智能化水平显著提升，网联式高度自动驾驶网联汽车大规模应用。

在 2021 中国互联网大会上发布的《中国互联网发展报告（2021）》中指出，中国车联网标准体系建设基本完备，车联网成为汽车工业产业升级的创新驱动力。

三、网联汽车的安全问题

汽车智能化、网联化发展在带来便利的同时，也会产生诸如未经授权的个人信息和重要数据采集、利用等数据安全问题，网络攻击、网络侵入等网络安全问题，驾驶自动化系统随机故障、功能不足等引发的道路交通安全问题，以及在线升级改变车辆功能、性能可能引入的安全风险。

2021 年 7 月 30 日，工业和信息化部印发《关于加强智能网联汽车生产企业及产品准入管理的意见》，要求加强汽车数据安全、网络安全、软件升级、功能安全和预期功能安全管理，保证产品质量和生产一致性，推动智能网联汽车产业高质量发展。

在数据安全领域，智能网联汽车不仅能收集驾乘人员的面部表情、动作、目光、声音数据，还能收集车辆地理位置、车内及车外环境数据、车联网使用数据等。如果在数据采集、使用等环节缺乏有效管理，车企随意采集车内驾乘人员语音图像、车辆位置及周边环境等信息，就可能造成个人信息泄露、滥用，甚至危及公共安全和国家安全。

在网络安全领域，随着汽车智能化、网联化的发展，遭受网络攻击、网络侵入的风险将会大幅增加。由于汽车处于高速行驶状态，并且正在逐步成为构建智能交通、智慧城市的关键要素，其网络安全风险更大。当前的汽车需要装备智能软件和具备大量外部信息接口，如车载诊断系统接口（OBD）、充电控制接口、无线钥匙接口、导航接口、车辆无线通信接口（蓝牙、Wi-Fi、专用短程通信 DSRC、3G/4G/5G）等，这意味着更多信息暴露的风险和网络攻击的漏洞，增大了被入侵的风险。2020 年全球针对智能网联汽车的攻击达到 280 余万次。

2021 年 6 月 21 日，中国工信部网站发布的《车联网（智能网联汽车）网络安全标准体系建设指南》（征求意见稿）中称，目标到 2023 年年底，初步构建起车联网网络安全标准体系，重点研究基础共性、终端与设施安全、网联通信安全、数据安全、应用服务安全、安全保障与支撑等重点行业标准和国家标准，完成50项以上重点急需安全标准的编制工作；到2025年，形成较为完备的车联网网络安全标准体系，完成100项以上重点标准。

第三节　汽车智能化

2015年，国务院首次明确将智能网联汽车列入未来十年国家智能制造发展的重点领域。此后，工信部、发改委、科技部等中央部委相继出台相关政策，将自动驾驶汽车列为重点任务之一，并提出要加快推进自动驾驶汽车法规体系建设。

2019年9月，中共中央、国务院印发《交通强国建设纲要》，明确将“大力发展智慧交通”列为总体要求之一，要求加强智能网联汽车的研发，形成自主、可控、完整的产业链。

2020年2月，中央11个部委联合印发《智能汽车创新发展战略》，要求到2025年，基本形成中国标准智能汽车的技术创新、产业生态、基础设施、法规标准、产品监管和网络安全体系。

2021年3月，十三届全国人大四次会议表决通过了《中华人民共和国国民经济和社会发展第十四个五年规划和2035年远景目标纲要》，其中指出发展智慧交通，发展自动驾驶和车路协同的出行服务。

在整车、产业、技术多方共同推动之下，中国智能网联汽车产业迅速发展。智能网联功能新车装载率在2015年还只有4.6%，到2021年5月这一数字已经上升到14.8%，在全球范围内形成了一定的先发优势。在主流车企中，新推出的车型必须智能网联化已经成为基本原则。

汽车智能网联化，对中国经济与产业高质量发展有十分重大的意义，有利于提升产业基础能力，突破关键技术瓶颈，增强新一轮科技革命和产业变革引领能力，培育产业发展新优势；有利于加速汽车产业转型升级，培育数字经济，壮大经济增长新动能；有利于加快制造强国、科技强国、网络强国、交通强国、数字中国、智慧社会建设，增强新时代国家综合实力；有利于保障生命安全，提高交通效率，促进节能减排，增进人民福祉。

一、智能化与智能汽车

汽车智能化是指人类通过智能座舱（载体）与车端进行交互，实现无人化的驾驶体验（即“智能驾驶”）；在人类双手被解放的同时，智能座舱将致力于打造舒适的第三空间，实现智能互联新服务。简而言之，汽车智能化 = 智能交互 + 智能驾驶 + 智能服务。

智能交互、智能驾驶和智能服务是智能汽车的三大元素。其中，智能交互是抓手和入口，智能交互向着多元化、人格化的方向发展，终端不断迭代。智能服务注重对用户的闭环管理，整车厂必须构建自身的内容分发能力。智能驾驶能力差异的核心是计算平台和软件开发。以智能化技术为核心的智能驾驶是必备功能，以网联化为核心的智能服务是体验和商业模式创新的切入点。

智能汽车通常也被称为智能网联汽车，就是在普通车辆的基础上增加了先进的传感器、控制器、执行器等装置，通过车载传感系统和信息终端实现与人、车、路、云等系统之间进行智能化的信息交换和共享，具备复杂的环境感知、智能决策、协同控制等功能，可综合实现安全、高效、舒适、节能行驶，并最终实现替代人类操作的新一代汽车。

智能网联汽车的产业生态较为复杂，是一个多方共建的生态体系，参与者包括整车厂、互联网公司、信息通信企业、一级供应商和政府。如果把无人驾驶的智能汽车比作机器人的出行，那么在智能网联汽车产业的生态全景图中，车辆是载体，实现智能化是目的，而网联化是核心手段。

二、汽车驾驶自动化分级

2021 年 8 月 20 日，中国正式发布了推荐性国家标准《汽车驾驶自动化分级》（GB/T 40429—2021），并于 2022 年 3 月 1 日起实施。这意味着，中国自动驾驶相关产业全业态和价值链体系将迎来规范化发展。

根据该标准规定，驾驶自动化分为 0 ~ 5 六级，见表 5-3-1。

表 5-3-1　驾驶自动化等级与划分要素的关系

分级	名称	车辆横向和纵向运动控制	目标和事件探测与响应	动态驾驶任务接管	设计运行条件
0 级	应急辅助	驾驶员	驾驶员及系统	驾驶员	有限制
1 级	部分驾驶辅助	驾驶员和系统	驾驶员及系统	驾驶员	有限制
2 级	组合驾驶辅助	系统	驾驶员及系统	驾驶员	有限制
3 级	有条件自动驾驶	系统	系统	动态驾驶任务接管用户（接管后成为驾驶员）	有限制
4 级	高度自动驾驶	系统	系统	系统	有限制
5 级	完全自动驾驶	系统	系统	系统	无限制

注：排除商业和法规因素等限制。

0 级（L0）为应急辅助，要求具备持续执行部分目标和事件探测与响应的能力。

1 级（L1）为部分驾驶辅助，要求具备与车辆横向或纵向运动控制相适应的部分目标和事件探测与响应的能力。

2 级（L2）为组合驾驶辅助，在 1 级的基础上，要求同时具备与车辆横向和纵向运动控制相适应的部分目标和事件探测与响应的能力。

3 级（L3）为有条件自动驾驶，要求仅允许在设计运行条件内激活；激活后在设计运行条件内执行全部动态驾驶任务；当即将不满足设计运行条件或系统失效时，及时向用户发出接管请求；在发出接管请求后，继续执行动态驾驶任务一定的时间供用户接管；如果接管用户未响应，应适时执行风险减缓策略；当用户请求驾驶自动化系统退出时，立即解除系统控制权。

4 级（L4）为高度自动驾驶，在 3 级的基础上，为有条件范围内的完全自动驾驶，除特殊情况外，不得解除系统控制权。

5 级（L5）为完全自动驾驶，在 4 级的基础上，无设计运行条件限制，激活后执行全部动态驾驶任务。

值得一提的是，现阶段在售汽车产品所搭载的包括车道保持、车道偏离预警、并线辅助、主动刹车、自适应巡航等功能多为 L2 或以下驾驶辅助，不满足《汽车驾驶自动化分级》对于 L3 及以上“自动驾驶”的定义。

目前，L0 ~ L1 功能已经大面积普及，智能驾驶系统处于 L2 功能不断丰富的阶段，L2 自动驾驶系统已经趋于成熟，而 L3 也已面世。

三、智能座舱顺利步入商业化阶段

智能座舱因其强大的商业化落地能力已成为主机厂向智能终端转变过程中最优、最先的选择。具体来说，智能座舱功能的落地是指将驾驶信息、抬头显示、车载信息娱乐和高级驾驶辅助系统整合到独立控制和集成域控制系统中，而不涉及底盘控制。所以在功能落地过程中牵扯到的安全压力较小，整体实现难度相对较小。

用户对安全和娱乐功能需求升级，智能座舱产品在整车中的渗透率有望持续提升。在中短期内，以中控平台为基础，逐渐延伸到液晶仪表盘、抬头显示、流媒体后视镜、后座娱乐系统及语音控制等智能座舱产品将率先落地，逐渐成为汽车标配。

未来深层次的人机交互是汽车座舱电子发展的核心。随着汽车电子化程度的提高，集成了多屏融合智能座舱，将打破不同系统之间的技术壁垒，实现产品融合、多屏互动及信息交互，展现了数字化、集成化、人性化的交互体验。从更长远的角度来看，一芯多屏、多屏融合、智能控制（语音、触摸、体态及手势）、智能驾驶成为大势所趋，如图 5-3-1 所示。

图 5-3-1 华为智能座舱解决方案使用“一芯多屏”革新了人车交互

人工智能（AI）赋能座舱成为人们生活的第三空间，具备感知、理解与表达能力。智能座舱需要感知来自环境的数据和用户需求两方面的信息，并对信息进行处理。环境数据主要来自摄像头、雷达等车外传感器，智能座舱要提供结构化数据输出，准确地把车内外环境信息推送到屏幕中心；至于用户层面，智能座舱需要具有语音、人脸以及指纹相结合的多种交互模式，准确理解驾驶人指令。在表达层面，人类主要通过听觉及视觉接收信息，因此听觉数据建模、音频编解码等 AI 音效技术，以增强现实技术（AR）导航为代表的车道级高精度地图定位显示技术等都是 AI 助力智能座舱不可缺少的部分。

四、高级别智能驾驶任重道远

自动驾驶技术是国际公认的未来发展方向和关注焦点之一，智能汽车已经成为世界车辆工程领域研究的热点和汽车工业增长的新动力，成为全球汽车产业发展的战略方向和汽车强国战略的重要选择。

目前，中国已将驾驶自动化技术作为交通领域的重点发展方向，从国家层面进行战略布局，并提出要加快推进自动驾驶汽车法规体系建设。国内企业积极布局细分领域规模初显，车企积极向自动驾驶技术领域拓展，如传感器领域、通信芯片领域、通信模组领域、车载通信单元（OBU）、路侧通信单元（RSU）、硬件设备领域、高精度地图领域等，中国正在形成系统化生产能力，部分领域正加速突破，个别方面处于领先地位；国产汽车芯片企业通过自主研发以及海外并购，在功率芯片、人工智能芯片、图像传感器和超大规模神经网络算法等车规级领域正加速突破。

自动驾驶技术的实现离不开三大核心流程：环境感知定位，包括摄像头和激光雷达等环境感知硬件、卫星定位和惯导定位相关设备、V2X 系统；决策规划，包括基于高精度电子地图的路径规划、基于交通参与者行为预测以及自动驾驶行为的决策；执行控制，涉及 CAN 数据总线、加速、制动、转向等。

决策层能力的差异使主机厂智能驾驶技术呈现差异化；决策层中的计算平台硬件和软件开发是智能驾驶技术的核心竞争力，主要原因是其作为汽车智能化的大脑，负责消化感知数据、路径规划优化、执行信号输出，既实现全车资源综合，又对全车资源进行调配，是高级别智能驾驶技术成败的决定性因素。

自动驾驶是汽车智能化应用中全面商业落地实现难度最高的一环，并不断经历着挫折。相比智能座舱，智能驾驶是一个难度很大的工程化问题，L3 以上高级别智能驾驶应用任重道远。自动驾驶的未来发展从目前来看还面临着诸多挑战。

一是技术成熟度不高。智能汽车是典型的高新技术综合体，关键技术包括环境感知技术、无线通信技术、智能互联技术、车载网络技术、先进驾驶辅助技术、信息融合技术、信息安全和隐私保护技术、人机界面技术（HMI）、高精度地图与定位技术、异构网络融合关键技术、交通大数据处理与分析关键技术，以及交通云计算与云存储关键技术等，汽车生产企业很难独立完成所有的软硬件研发。

自动驾驶的软硬件技术开发难度大，生产成本高昂。硬件上主要有固态激光雷达的量产和成本控制问题、高算力低功耗的 AI 芯片研发问题等。软件上高精度电子地图和高精度定位、复杂的感知识别决策控制算法研究等问题都亟待解决。

汽车芯片是关乎产业核心竞争力的“卡脖子”器件，是汽车强国建设的关键基础。随着汽车电动化、网联化、智能化的发展，芯片的需求量也不断增长。当前每辆车的平均芯片含量为 350 美元，纯电动汽车中芯片的含量可达 770 美元，高档电动车中可超过 1 500 美元。中国汽车业所需芯片大都从国外购买。2021 年发生的芯片（主要是计算芯片）短缺困扰着汽车行业，众多车企因此减产甚至停产。

在开放的道路环境中，各种复杂的路况、外界的干扰、不可预知的人为因素都会对自动驾驶系统的判断产生干扰；超小目标的识别困难，如桩桶、隔离墩、低速或静止的厢式车辆等；近距离并入的车辆，车道线模糊路段及无交通信号路口的处理，进出匝道的能力，都属于当前辅助驾驶还未能很好解决的问题；风雪雾霾等恶劣环境的影响；智能汽车里的人工智能能否完全理解警察、其他驾驶人、行人的声音、手势等。诸如此类的安全问题仍有待解决。

二是由于软硬件设备的不足带来的行车安全问题，行业现状与高级别智能驾驶仍有一定距离。

三是监管与法规有待完善。适用于自动驾驶的交通安全法及其实施条例、相关机动车行驶的技术标准等缺失，需要一定的时间才能积累足够数据进行相应的法律法规制定工作，其制定还面临诸多不确定性。

四是伦理道德困境。在行人与驾驶者的安全之间，人工智能的道德判定应该怎样预设存在争议；一旦智能汽车出现交通事故，责任人究竟是乘车者还是汽车制造商的认定问题尚不明晰。

五是基础设施的建设还需要很长的时间。自动驾驶离不开诸多基础技术的支撑，像5G技术已经比较成熟，但基础设施建设、市场化普及还有很长的路要走。车联网的成熟配套必须依赖于足够的数据场景和基础设施建设。自动驾驶汽车技术并不是独立发展的，“聪明”的车还需要“智慧”的路，因此车路协同发展是实现自动驾驶的重要手段。

自动驾驶是一项系统工程，这场战斗可能是持久战，不可能一蹴而就，或许还要面临更大的变局。从全球标准体系由车到路延展，到国家战略明确车路协同发展方向，再到背后由车－路－云一体化支撑的系统级方案和技术逻辑，都充分证明了这一点。

技能训练与实践活动

1. 以电动汽车为例，你如何评价中国汽车工业的飞速发展。
2. 调查某一小区的私家车中新能源汽车所占的比例。
3. 举例说明你最喜欢的一款电动汽车品牌，并说明喜欢的原因。
4. 讨论：汽车电动化意味着要近期淘汰汽车用内燃机吗？
5. 讨论：关于实现汽车完全自动驾驶（L5），有人认为会比人们想象的时间早（10年内），也有人认为在30年内都不可能实现。你的看法是什么？